하루에 한 주제씩 25일 완성

자기주도 일기쓰기

글 최연희 그림 박선미

머리말

하루에 하나씩 **25일** 완성 일기 쓰기

　친구들에게 '가장 하기 싫은 숙제가 무엇이니?' 라고 물으면 아마도 대부분의 친구들이 일기 쓰기를 뽑을 것입니다.

　그 이유가 무엇일까요? 특별한 일이 없는데 매일매일 일기를 써야 한다는 생각 때문일 것입니다.

　하지만 일기 쓰기는 생각만큼 그렇게 지루하거나 짜증나는 숙제가 아닙니다. 조금만 생각을 달리 하면 얼마든지 재미나게 쓸 수 있는 게 일기랍니다.

　일기에는 여러 가지 형식이 있어요. 그림일기, 만화일기, 동시일기, 체험일기 등 여러 형식의 일기 쓰기에 도전하다 보면 자신도 모르게 일기 쓰기의 매력에 흠뻑 빠져들게 될 것입니다.

　일기 쓰기는 나에게 많은 도움이 됩니다. 나의 하루를 반성하고 추억으로 남길 수도 있지만 무엇보다 글쓰기 능력을 키우는 데 매우 효과적이지요. 일기를 쓰게 되면 맞춤법이나 띄어쓰기 능력도 키울 수 있고 창의력, 표현력, 생각하는 능력도 키울 수 있어요.

  이 책은 친구들에게 재미있게 여러 가지 이야기를 쓸 수 있는 방법을 알려 줄 것입니다. 많은 일기 쓰기 방식 중 25가지를 골라, 하루에 하나씩 25일만 쓰면 자신도 모르게 일기 쓰기 왕이 될 수 있도록 구성하였습니다. 선생님이나 엄마가 쓰라고 하기 전에 내가 먼저 재미를 찾아 쓸 수 있도록 도와 줄 거예요.

  우리가 잘 알고 있는 유명한 위인들도 일기를 썼어요. 13살 때 생일 선물로 받은 일기장에 매일 일기를 쓴 안네, 전쟁 속에서도 '난중일기'라는 기록을 남긴 이순신 장군, 자신의 여행과 모험담을 일기로 남긴 혁명가 체 게바라 모두 어려운 상황 속에서도 일기를 써나갔답니다.

  이제 일기에 대한 생각을 바꿔 보세요. 그리고 엄마가 "아직도 일기 안 썼니?" 하기 전에 내가 먼저 "저 벌써 일기 다 썼어요!" 할 수 있는 어린이가 되어 보세요.

지은이 **최 연 희**

차례

제1장 일기는 왜 써야 할까요?

1. 일기는 왜 쓰라고 하는 거죠?
- 일기를 왜 써야 하는지, 일기의 중요성에 대해 설명해 줍니다.

2. 친구들은 일기에 무슨 내용을 쓰죠?
- 일기에 들어가는 내용에 대해 설명해 줍니다.

3. 이제 일기를 써 볼래요.
- 일기 쓰기의 기본에 대해 설명해 줍니다.

4. 일기 쓰기는 지루해요.
- 여러 가지 일기의 종류를 살펴봅니다.

5. 일기를 잘 쓰고 싶어요.
- 기존에 쓰던 일기보다 더 잘 쓰고 싶으면 어떻게 써야 하는지, 어떤 일기가 잘 쓴 일기인지 알려 줍니다.

제2장 25일 완성 일기 잘 쓰는 방법

1. 짧은 일기를 써 보자.
❶ "용돈으로 뭘 하지?"
❷ "치과는 무서워!"

2. 그림일기를 써 보자.
❶ "새신을 신고 뛰어 보자, 팔짝!"
❷ "연을 날려 보자~!"

3. 만화일기를 써 보자.
❶ "오빠 미워!"
❷ "로봇 사 주세요."

4. 순서에 맞게 써 보자.
❶ "즐거운 봄소풍"
❷ "와~ 설날이다!"

5. 솔직한 마음을 써 보자.
❶ "축구시합에 진 날"
❷ "엄마는 언니만 좋아해."

6. 대화일기를 써 보자.
❶ "스승의날"
❷ "어른들은 몰라요!"

7. 동시일기를 써 보자.
❶ "고추잠자리"
❷ "비눗방울"

8. 상상일기를 써 보자.
❶ "내가 인어공주라면?"
❷ "뽀삐가 말을 해요."

9. 관찰일기를 써 보자.
❶ "로즈마리"
❷ "개미는 어떻게 지낼까?"

10. 편지일기를 써 보자.
① "군인 아저씨께"
② "보고 싶은 희정이에게"

11. 감상일기를 써 보자.
① "해리포터가 부러워."
② "짱구와 나는 말썽쟁이."

12. 체험일기를 써 보자.
① "조개잡기는 재밌어!"
② "박물관에 간 날"

13. 학습일기를 써 보자.
① "도 레 미 파 솔 라 시 도"
② "오늘은 5단!"

14. 칭찬일기를 써 보자.
① "내가 일기를 제일 잘 썼대요."
② "유림아, 고마워!"

15. 반성일기를 써 보자.
① "게임은 끝이 없어!"
② "별명 짓는 건 너무 재밌어!"

16. 재미있는 표현을 사용해서 써 보자.
① "거북이가 느릿느릿"
② "찌개가 보글보글"

17. 여행일기를 써 보자.
① "경주에 다녀와서"
② "즐거운 여름휴가"

18. 생각일기(마인드맵일기)를 써 보자.
① "우리나라 좋은 나라"
② "2학기 때는 더 열심히 해야지!"

19. 호기심일기를 써 보자.
① "나는 궁금한 게 너무 많아!"
② "하늘은 마술사 같아."

20. 독서일기를 써 보자.
① "나도 유리 구두를 갖고 싶어!"
② "한글은 누가 만들었지?"

21. 영어일기를 써 보자.
① "apple(사과)은 맛있어!"
② "신나는 zoo(동물원)!"

22. 소개일기를 써 보자.
① "우리 옆집 꼬마"
② "내 짝꿍 지수"

23. 나의 꿈을 그려 보자.
① "나의 꿈은 우주비행사"
② "나는야, 발레리나"

24. 나에 대해 써 보자.
① "오늘은 귀 빠진 날!"
② "나는 청소가 싫어."

25. 뉴스일기를 써 보자.
① "나도 김연아 언니처럼 될 거야!"
② "내가 기자가 된다면?"

제1장 일기는 왜 써야 할까요?

1. 일기는 왜 쓰라고 하는 거죠?

엄마와 선생님은 매일 일기를 쓰는 것이 좋다고 해요.
일기는 도대체 무엇이고 왜 쓰라고 하는 걸까요?
일기는 오늘 하루를 어떻게 보냈는지 글로 적어 보는 거예요. 그러면 오늘 나에게 어떤 일이 있었는지 돌아보면서 하루를 정리할 수 있답니다. 좋았던 일, 나빴던 일, 잘한 일, 잘못한 일 등을 한눈에 볼 수가 있지요.
매일 일기 쓰는 습관을 들이면 중요한 일은 기억할 수 있고 잘못한 일은 스스로 반성할 수 있게 도와 준답니다. 오늘부터 잠자리에 들기 전에 오늘 하루를 어떻게 보냈는지 일기장에 옮겨 보면 나에게 도움되는 것이 아주 많을 거예요.

일기는 이런 점이 좋아요.

1 하루를 반성하게 해 줘요.
일기는 나의 하루를 돌아보는 것이라고 했어요.
잘한 일도 있고 잘못한 일도 있을 거예요. 잘한 일, 잘못한 일을 그냥 지나치지 않고 일기를 쓰면서 한 번 더 생각해 본다면 잘한 일은 다음에 더 잘해야겠다, 잘못한 일은 앞으로는 주의해야겠다는 다짐을 만들어 줍니다.

2 생각하는 힘을 길러 줘요.
일기는 그냥 쓰는 것이 아니라 생각을 하며 써야 하기 때문에 자연스럽게 나의 하루를 떠올리게 돼요. 무엇을 보거나 행동에 옮겼을 때 든 생각과 느낌을 한 번 더 떠올리며 쓰게 되지요. 그렇기 때문에 일기를 꾸준히 쓰다 보면 생각하는 힘이 쑥쑥 길러질 겁니다.

3 글쓰기가 쉬워져요.
일기 쓰기는 글쓰기의 기본이 됩니다. 나의 하루를 시간 순서대로 기록해 보고, 느낀 점을 글로 표현하는 습관을 들이다 보면 자신도 모르게 다른 글도 쉽게 쓸 수 있는 능력이 길러진답니다.

2. 친구들은 일기에 무슨 내용을 쓰죠?

일기장을 펴긴 폈는데 아무리 생각해도 쓸 내용이 떠오르지 않아요.
대체 친구들은 어떤 내용으로 일기장을 채우는 걸까요?
일기에 무언가 특별하고 재미있는 내용을 써야 한다고 어렵게 생각하기 때문이에요. 하지만 사실 일기의 내용엔 정해진 것이 없답니다. 가만히 나의 하루를 떠올려 보세요. 학교에서 친구와 있었던 일, 집에서 엄마에게 들었던 잔소리, 오늘 하루 가장 기분좋았던 일, 너무나 맛있었던 저녁 반찬 등 평소와는 다른 일이 하나쯤은 있을 거예요. 무조건 하루에 있었던 일을 다 쓸 필요는 없어요. 오늘 가장 기억에 남는 일을 쓰면 된답니다.

친구들의 일기장엔 무엇이 담겨 있을까요?

● 재호의 일기장

날짜 : 3월 26일   날씨 : 바람
제목 : 세상에서 제일 맛있는 호빵

학교에서 돌아오자마자 컴퓨터를 켰더니 엄마가 화를 냈다.
컴퓨터 하기 전에 숙제부터 하라는 것이었다. 엄마가 미웠다.
내 방에서 숙제를 하는데 엄마가 또 불렀다.
내가 제일 좋아하는 호빵을 사 오신 거였다.
나는 너무 좋아서 호빵을 맛있게 먹었다. 엄마는 꾸지람한 것은 다 나를 위해서라고 했다. 기분이 나빴는데 맛있는 호빵을 먹었더니 기분이 다시 좋아졌다. 나는 호빵도 좋고 엄마도 좋다.

3. 이제 일기를 써 볼래요.

이제 무슨 내용을 써야 할지 알았다면 일기 쓰는 방법에 대해서도 알아야겠지요? 그럼 일기는 오늘 있었던 일만 쓰면 되는 건가요? 일기 쓰기가 그렇게 어려운 것은 아니지만 일기를 쓸 때에는 지켜야 할 몇 가지 약속이 있답니다.

일기는 이렇게 씁니다.

1 오늘 날짜와 날씨를 써요.
먼저 날짜와 날씨를 꼭 쓰는 것이 좋아요. 날짜와 날씨가 있어야 나중에 보아도 언제 무슨 일이 있었는지 기억할 수가 있답니다.

2 제목을 써요.
쓸 내용을 떠올리며 제목을 지어 보아요. 예를 들어 할머니 댁에 다녀온 내용이라면 그 내용에 맞게 '할머니 댁에 다녀온 날'이라고 정할 수 있겠지요.
더 재미있는 제목을 쓴다면 일기도 재미있을 거예요.

3 '나는' '오늘' 이라는 말은 가급적 쓰지 않아요.
일기는 '내가' '오늘' 쓰는 글이에요. 그렇기 때문에 처음 시작할 때 '나는' '오늘' 이란 말은 굳이 쓰지 않는 것이 좋답니다.

4 내용을 써요.
제목을 정하고 난 다음 오늘 하루 있었던 일을 기본으로 내용을 씁니다.

5 느낀 점을 써요.
일기의 마무리에는 있었던 일을 통해 느낀 점이나 기분, 반성, 각오 등을 씁니다.

4. 일기 쓰기는 지루해요.

  일기를 매일 같은 방식으로만 쓰니까 지루하고 재미없어요.
  하지만 일기에 담기는 내용이 여러 가지이듯이, 일기 쓰는 방식에도 여러 가지가 있답니다. 이제 일기가 지겨워질 때에는 다른 방법으로도 써 보세요. 일기 쓰기가 훨씬 재미있어질 거예요.

 이런 일기도 있어요!

- **그림일기** : 있었던 일을 그림으로 그리고 내용을 간단히 적는 일기예요.
- **만화일기** : 있었던 일을 글 대신 만화로 그려 보는 일기예요.
- **대화일기** : 친구나 부모님, 또는 선생님과 나눈 대화 내용을 그대로 적어 보는 일기예요.
- **동시일기** : 한 가지 주제를 정해서 동시로 표현하는 일기예요.
- **상상일기** : 일어나지 않은 일을 상상해서 적어 보는 일기예요.
- **관찰일기** : 무언가를 관찰한 후 적어 보는 일기예요.
- **편지일기** : 누군가에게 편지를 써 보는 일기예요.
- **감상일기** : 영화나 만화를 보고 적어 보는 일기예요.
- **체험일기** : 어딘가에 다녀오거나 체험한 것을 적어 보는 일기예요.
- **학습일기** : 공부하거나 배운 것에 대해 적어 보는 일기예요.
- **영어일기** : 내가 아는 영어 단어를 섞어서 적어 보는 일기예요.
- **뉴스일기** : 뉴스나 신문을 보고 적어 보는 일기예요.

5. 일기를 잘 쓰고 싶어요.

　나와 내 짝꿍은 매일 일기를 쓰는데, 짝꿍은 일기를 잘 쓴다고 칭찬을 받아요. 대체 내 짝꿍의 일기장에는 무슨 비밀이 있기에 선생님은 짝꿍만 칭찬해 주는 걸까요? 나도 일기를 잘 쓰고 싶어요.
　일기도 조금만 신경써서 쓰면 더 잘 쓸 수가 있답니다. 여러 가지 일기 쓰는 방법을 보고 일기를 쓰면 좋은 글을 쓸 수 있을 거예요.

이렇게 하면 잘 쓸 수 있어요.

1 솔직하게 써 보아요.
일기는 솔직하게 써야 해요. 선생님이 검사한다고 해서 거짓말로 쓴다면 나의 마음도 거짓이 되는 거랍니다. 솔직하게 쓰면 나의 글쓰기도 사실적이고 생동감있게 느껴질 거예요.

2 육하원칙에 의해서 써 보아요.
육하원칙이란 '누가, 언제, 어디서, 무엇을, 어떻게, 왜'를 말해요.
한 문장을 육하원칙에 따라서 쓰는 연습을 하면 더 잘 쓸 수 있답니다. 예를 들어 나와 동생이 칭찬을 들은 이야기를 쓴다면 '나와 동생은 엄마가 오시기 전에 방 청소를 해서 칭찬을 들었다'라고 쓰면 더 좋은 글이 되지요.

3 한 가지 일을 써 보아요.
하루에 있었던 일을 모두 순서대로 쓰기보다는 가장 기억에 남는 한 가지 일을 골라 자세히 쓰는 것이 좋답니다.

4 그림을 그리며 써 보아요.
똑같은 말이라도 그대로 쓰는 것보다는 머릿속에 그림을 그리면서 쓰게 되면 더 예쁜 글이 될 거예요. 얼굴이 예쁜 친구에 대해 쓸 때 그냥 '얼굴이 예쁜 친구'라고 표현하기보다는 '장미꽃처럼 예쁜 내 친구'라고 쓰면 더 풍성하게 느껴지겠죠?

제2장
25일 완성!
일기 잘 쓰는 방법

1일 짧은 일기를 써 보자.

일기를 쓰겠다고 다짐한 후 처음으로 일기장을 펼쳤는데 왠지 어려운 것 같아요. 무엇부터, 어떻게 써야 할지 모르겠어요.

일기 쓰기를 너무 어렵게 생각하지 마세요. 차분히 오늘 하루를 떠올려 보세요. 늦잠을 자서 학교에 지각한 이야기도 좋고, 저녁을 맛있게 먹은 이야기, 친구들과 즐겁게 지낸 이야기 등 가장 기억에 남는 일 한 가지를 골라서 적으면 됩니다. 일기장을 모두 채우지 않아도 돼요. 먼저 일기 쓰는 습관부터 들이는 것이 무엇보다 중요하답니다.

똑똑 일기박사 – 일기 잘 쓰는 법 ①

일기는 중요한 일을 골라 쓰는 거랍니다.

하루하루 나에게는 많은 일이 일어나요. 아침에 일어나서 학교에 가고 수업을 듣고 친구들과 놀고 집에서 게임도 하지요. 또 어떤 날은 생각지도 못한 특별한 일들이 일어나기도 해요. 학교에서 상장을 받는다거나 친구와 다툰 날도 있을 거예요.

하지만 이 모든 일을 다 쓸 수는 없겠죠? 일기에는 하루 중 가장 기억에 남는 일만 쓰면 돼요. 예를 들어 상장을 받은 이야기를 쓴다면 내가 무엇을 해서 상장을 받았는지, 또 상장을 받았을 때의 기분을 글로 표현하면 훌륭한 일기가 완성되는 거랍니다. 나중에 일기를 다시 보게 되면 내가 상장을 받았을 때의 기분을 다시 느낄 수가 있게 됩니다.

1단계 오늘 있었던 일 중 가장 기억에 남는 일 한 가지만 골라 보아요.

2단계 그 일에 대해 자세히 기록해 보아요. 예를 들어 상장을 받은 이야기를 적는다면 무엇 때문에 어디서 어떻게 받았는지 적으면 되겠지요.

3단계 그 일을 통해 내가 느낀 점을 그대로 적어 보아요. 예를 들어 상장을 받을 때의 좋았던 기분을 글로 표현하면 된답니다.

친구들은 짧은 일기를 어떻게 썼는지 볼까요?

첫 번째 일기

날짜 : 1월 5일 화요일   날씨 : 몹시 추움

제목 : 용돈으로 뭘 하지?

아빠는 5일마다 나와 동생에게 용돈을 주신다.

아빠도 5일에 회사에서 월급을 받는다고 하셨다.

나는 5,000원, 동생은 3,000원이다.

이 돈으로 뭘 하지?

아이스크림을 사먹을까, 아니

면 과자를 사먹을까?

두 번째 일기

날짜 : 3월 4일 목요일   날씨 : 따뜻함

제목 : 치과는 무서워!

어제부터 이가 흔들렸다.

엄마한테 이야기했더니 치과에 가야 한다고 했다.

나는 치과에 가기 싫다고 했다. 너무 무서웠기 때문이다.

엄마가 알았다며 돈가스를 사 줄 테니 밖으로 나가자고 했다.

나는 좋아서 엄마와 나왔는데 나를 억지로 치과에 데려가서

결국 이를 뽑았다.

거짓말쟁이 엄마가 밉다.

흔들리는 이를 뽑기 위해 치과에 간 날의 이야기를 쓴 일기네요. 간단하지만 오늘 하루 있었던 일을 한눈에 알 수가 있어요.

그런데 첫 번째 일기와 두 번째 일기의 다른 점이 무엇인지 발견하였나요? 두 번째 일기는 첫 번째 일기와 다르게 치과에 대한 두려움과 엄마에 대한 속상한 느낌이 모두 적혀 있어요. 이렇게 일기는 일어난 일뿐만 아니라 자신의 생각도 함께 적는 거랍니다.

이번에는 내가 직접 써 보아요.
오늘 하루 있었던 일을 떠올린 후 쓰고 싶은 내용을 골라 일기장에 써 보세요.

날짜 :   날씨 :

제목 :

2일 그림일기를 써 보자.

다른 일기도 있나요? 매일 쓰기만 하면 너무 지루할 것 같아요.

맞아요. 특히 처음부터 글로 쓰는 일기는 지루할 수도 있어요. 이제 일기 쓰는 방법을 알았다면 일기와 함께 그림을 그리는 그림일기를 써 보는 건 어떨까요? 그림일기란 그림과 함께 일기를 쓰는 거예요. 아주 쉽고 재밌는 일기랍니다.

똑똑 일기박사 - 일기 잘 쓰는 법 ②

오늘을 특별하게 생각해 보아요.

우선 그림을 그리려면 오늘 하루 일어난 일 중 한 가지 장면을 뽑아야 해요. 즉, 가장 특별하거나 중요하다고 생각되는 부분을 골라야 하지요. 그 일의 특징을 잘 살려서 재미있게 그려 보아요.

그림에 등장하는 사람의 표정이나 동작을 살려서 그리면 재미있는 그림이 될 거예요. 예를 들어, 지나가는 고양이를 보고 놀란 표정을 그리면 그림을 보고도 무슨 내용인지 바로 알 수 있고 그 때의 나의 감정 또한 이해할 수 있겠지요?

그림일기라고 해서 무조건 그림에만 집중하면 좋은 일기가 될 수 없어요. 보통 일기보다는 짧지만 내용은 그림과 맞아야 하고 그림만큼 글쓰기에도 정성을 들여야 해요. 그림 말고 사진이나 잡지 등을 오려서 붙이는 방법도 있답니다.

1단계 오늘 있었던 일 중 가장 기억에 남는 일 한 가지만 골라 보아요.

2단계 그 일을 토대로 그림 그리는 칸에 그림을 그려 보아요. 그림 외에 사진, 잡지 등을 오려서 붙이는 방법도 있답니다.

3단계 그림에 대한 간단한 설명을 적고 느낀 점도 적습니다.

친구들은 그림일기를 어떻게 썼는지 볼까요?

첫 번째 일기

날짜 : 1월 2일 토요일   날씨 : 눈

제목 : 새 신을 신고 뛰어 보자, 팔짝!

엄마가 새해 선물이라며 구두를 사오셨다.

내가 제일 좋아하는 빨간색 구두였다.

나는 너무 신이 나서 집 안에서 신고 팔짝팔짝 뛰어다녔다.

엄마가 밖에서 신으라고 하셨다. 내일 친구들에게 자랑해야지.

내 신발이 세상에서 제일 예쁠 것이다. 매일매일이 새해였음 좋겠다.

두 번째 일기

날짜 : 2월 15일 월요일

날씨 : 신나게 부는 바람

제목 : 연을 날려 보자~!

설날이 다가오자 우리 가족은 시골 할아버지 댁에 갔다. 친척들은 이미 다 모여 있었다. 할아버지께서 연을 만들어 주셨다. 단번에 뚝딱뚝딱 만드시는 게 꼭 마술사 같았다. 우리는 밖으로 나가 연을 날렸다. 오빠들 연은 잘 나는데 내 연은 자꾸만 떨어져서 답답했다. 그래도 아빠가 도와 주셔서 내 연도 쉽게 날 수 있었다. 마치 새 같았다. 그런데 왜 내가 하면 잘 안 날지? 할아버지와 아빠는 마술사인가 보다.

그림일기는 그림만 보고도 어떤 일이 있었는지 알 수 있는 일기를 쓰는 거예요. 표정이나 동작을 잘 살려서 표현하면 그림으로도 얼마든지 자기 마음을 표현할 수 있어요. 두 번째 일기는 자신의 연이 잘 날지 않아 답답한 마음을 잘 표현하였어요. 그리고 연을 만들어 주신 할아버지와 연을 쉽게 날게 해 주신 아빠를 마술사 같다고 말했듯이, 무엇에 비유하여 표현하는 방법 또한 일기를 잘 쓰는 방법 중 하나랍니다.

이번에는 내가 직접 써 보아요.

오늘 하루를 떠올린 후 그리고 싶은 내용을 골라 그림일기를 그려 보는 거예요.

날짜 :   날씨 :

제목 :

3일 만화일기를 써 보자.

내 일기도 만화책이 될 수 있을까요?

그럼요, 내 일기로 만화책을 만드는 방법도 있어요. 일기는 자신이 어떻게 쓰느냐에 따라 달라지니까요. 오늘은 나에게 있었던 일을 만화로 꾸며 보는 건 어떨까요?

만화일기란 오늘 있었던 일을 만화로 재미있게 그려 보는 거예요. 만화일기는 그림일기보다는 조금 더 다른 표현이 필요해요. 네모 칸이 달라질 때마다 표정과 움직임의 변화도 함께 그려 줘야 합니다.

똑똑 일기박사 – 일기 잘 쓰는 법

내가 만화 속 주인공이 되었어요.

한 번쯤 서점에서 만화로 된 재미있는 일기를 본 적이 있을 거예요. 4칸의 짧은 만화로도 나의 일기를 표현할 수가 있답니다.

만화일기는 그림일기와는 다르게 일기의 내용이 이어져야 해요. 그렇기 때문에 어떤 내용으로 쓸지가 중요하지요. 또한 장면이 바뀔 때마다 동작과 표정도 달라져야 해요. 사람을 그릴 땐 특징을 살려 그리는 것이 좋아요. 예를 들어 나는 단발머리이고 코에 점이 있다면 그 특징을 살려 그리면 바로 나인 것을 알 수가 있겠지요. 말풍선 안에 대화 내용을 쓰면 무슨 내용인지 더 잘 알 수가 있어요.

만화를 보면 상상력이 길러지는 장점이 있어요. 특히 이렇게 내가 주인공이 되어 만화일기를 직접 그리다 보면 상상력과 표현력도 쑥쑥 향상된답니다.

 먼저 만화로 꾸밀 오늘의 주제를 하나 정해 보아요.

 내용에 따라 만화의 칸을 정하고, 칸마다 그림과 대화를 넣어 보아요.

 만화의 내용에 맞추어 설명이나 느낀 점을 짧게 씁니다.

친구들은 만화일기를 어떻게 썼는지 볼까요?

첫 번째 일기

날짜 : 4월 10일 토요일

날씨 : 바람이 조용해졌어요.

제목 : 오빠 미워!

오빠가 내 과자를 빼앗아먹었다.

나는 싫다고 했는데 아무 이유도 없이 빼앗더니 자기가 다 먹었다.

심술꾸러기!! 욕심쟁이! 난 오빠가 너무 밉다.

두 번째 일기

날짜 : 4월 19일 월요일

날씨 : 화창한 날씨!

제목 : 로봇 사 주세요.

엄마, 꼭 약속을 지켜 주세요. 그 로봇은 예전부터 너무 갖고 싶었던 거란 말이에요. 이제부터는 엄마 말도 잘 듣고 공부도 열심히 할게요.

만화일기는 여러 장면을 그리기 때문에 글을 보지 않고 만화만 보아도 내용을 충분히 알 수가 있어요. 그래서 다른 일기에 비해 짧게 써도 쉽게 이해가 된답니다.
첫 번째 일기처럼 만화에 있는 내용을 간단히 한 번 더 쓸 수도 있고 두 번째 일기처럼 엄마에게 다 하지 못한 이야기를 글을 통해 표현하는 방법도 있답니다. 만화일기를 쓸 때 유의할 점은 4칸의 만화 내용이 자연스럽게 이어질 수 있도록 그림과 말풍선 내용을 구분하여 각 칸마다 잘 정리하여 표현해야 한다는 점입니다.

이번에는 내가 직접 써 보아요. 오늘 하루를 떠올린 후 만화로 꾸미고 싶은 내용을 골라 네모 안에 그림을 그려넣고 그에 맞는 내용을 적어 보아요.

날짜 :   날씨 :

제목 :

4일 순서에 맞게 써 보자.

  일기는 하루에 있었던 일을 적는 것이라고 했지요?
  그렇다면 오늘 있었던 많은 일들을 어떻게 쓰면 될까요? 하루에 일어난 이야기들을 쓸 때 가장 기본적인 방법은 시간 순서에 따라 쓰는 거랍니다. 오늘 하루를 정리하면서 일이 일어난 순서대로 일기에 써 보아요.

똑똑 일기박사 – 일기 잘 쓰는 법

** 나는 오늘 하루를 어떻게 보냈을까?**

  시간 순서에 따라 쓰는 방식은 일기에만 쓰이는 게 아니에요. 대부분의 글이나 책들은 일이 일어난 순서대로 쓰여 있지요. 순서에 따라 쓰기는 가장 기본적인 글쓰기이기 때문에 일기를 통해 순서대로 글을 쓰는 습관을 들이면 다른 글도 쉽게 쓸 수 있어요.

  다른 날과 구별되는 특별한 일을 겪었거나 쓸 내용이 많은 날이라면 가장 먼저 일어난 일부터 차근차근 적어내려 갑니다. 그러기 위해서는 무작정 쓰기보다는 생각을 정리하고 쓰는 습관부터 길러야 해요. 일기 쓸 때의 순서는 아침, 점심, 저녁이 될 수도 있고, 오전 10시나 오후 2시같이 정확한 시간으로 나누어 쓰는 방법도 있답니다.

1단계 오늘 있었던 일들을 머릿속에서 조각처럼 그려 보아요.

2단계 일어난 일들을 퍼즐 맞추듯이 순서대로 적어 봅니다.

3단계 그 순서에 맞추어 일기를 써 보아요. 이 때 느낀 감정이나 생각도 함께 적는 것이 좋아요.

친구들은 시간 순서에 따라 일기를 어떻게 썼는지 볼까요?

첫 번째 일기

날짜 : 5월 3일 월요일   날씨 : 맑음

제목 : 즐거운 봄소풍

어제 잠을 설쳤다. 오늘 봄소풍을 가는 날이기 때문이다. 학교에 모두 모여 동물원으로 출발했다.

버스 안에서 친구들과 과자, 음료수를 나누어먹고 게임도 했다. 드디어 동물원에 도착했다. 가장 먼저 기린을 보았다. 기린은 목이 진짜 길어서 깜짝 놀랐다. 점심을 먹고 우리는 버스에 탄 채 동물들을 더 구경했다. 무서운 사자와 호랑이들이 자기들끼리 모여 낮잠을 자고 있었다. 오늘은 정말 신나는 하루였다.

시간 순서대로….

두 번째 일기

날짜 : 2월 14일 일요일   날씨 : 몹시 추움

제목 : 와~ 설날이다!

늦잠을 자고 있는데 엄마가 차례를 지내야 한다며 어서 일어나라고 하셨다. 떡국, 부침개, 동그랑땡, 과일들을 보자 나도 모르게 군침이 돌았다. 온 가족이 차례상 앞에 모여 절을 했다. 차례를 지내고 큰 상에 둘러앉아 맛있는 떡국과 음식들을 먹고 어른들께 세배를 했다.
세배가 끝나자 아이들은 모여서 과자를 먹고 어른들은 윷놀이를 하셨다. 형과 누나들이 카드로 '원카드'란 놀이를 하고 있기에 구경을 하자, 사촌형이 놀이 하는 법을 알려 주었다. 나는 윷놀이보다 카드놀이가 더 재미있었다. 내년 설도 기다려졌다.

시간 순서대로 쓰기는 가장 기본적인 일기 쓰기 방법이에요. 시간 순서대로 쓰지 않으면 다시 볼 때 무슨 내용인지 잘 알 수가 없어요. 첫 번째 일기와 두 번째 일기를 비교해 보면 알 수 있을 거예요. 동물원에 다녀와서 쓴 첫 번째 일기는 동물원으로 출발할 때부터 동물원에 도착하여 오전에 본 동물들 그리고 점심식사, 오후에 본 동물들을 잘 정리하여 적었어요. 두 번째 일기는 아침, 점심, 저녁을 기준으로 시간 순서대로 글을 썼으며, 재미있었던 일들이나 설을 기다리는 속마음까지 표현을 잘해 주었어요. 하루의 일을 다 쓰기보다는 아침부터 돌이켜보며 가장 기억에 남는 몇 가지를 시간 순서대로 쓰는 연습을 해 보아요.

이번에는 내가 직접 써 보아요.
오늘 하루를 떠올린 후 일이 일어난 순서대로 일기장에 써 보세요.

날짜 :   날씨 :

제목 :

5일 솔직한 마음을 써 보자.

일기를 쓸 때 가장 중요한 것이 무엇인지 아세요?

오늘 있었던 일을 쓰는 거라고 생각하는 친구들이 많지만, 사실은 그것보다 중요한 것이 있어요. 바로 내 생각을 정직하고 솔직하게 쓰는 것이랍니다. 만약 선생님이 일기 검사를 한다고 해서 거짓말로 쓴다면 그건 진짜 일기가 아니에요. 또 선생님께 혼날까 봐 잘못한 일을 잘했다고 바꾸어 쓴다면 그것 또한 바람직한 일기가 아니에요. 오늘부터는 솔직한 마음을 쓰는 연습을 해 볼 거예요.

똑똑 일기박사 – 일기 잘 쓰는 법

일기장에게 나의 마음을 고백해요.

일기장은 나의 마음의 거울과도 같아요. 다른 사람에게는 말하기 힘든 나의 마음이나 비밀을 솔직하게 털어놓을 수 있지요. 기쁜 마음, 즐거운 마음을 있는 그대로 일기장에 옮기면 그 기쁨은 배가 되고, 속상하거나 화가 난 마음 또한 솔직하게 적다 보면 기분이 풀어질 거랍니다.

1단계 오늘 하루 나의 기분이 어떠하였는지 먼저 생각해 보아요.
어떤 날은 좋기도 하고, 또 어떤 날은 나쁠 때도 있지요.

2단계 어떤 일과 이유 때문에 그런 기분이 들었는지 떠올려 보아요.

3단계 머릿속으로 정리하며 나의 감정에 솔직하게 일기를 쓰세요.

친구들은 솔직한 마음을 일기에 어떻게 썼는지 볼까요?

첫 번째 일기

날짜 : 5월 13일 목요일   날씨 : 맑음

제목 : 축구시합에 진 날

3반과 축구시합을 했다.

남자 아이들은 모여서 이길 수 있는 방법을 생각하며 포지션을 짰는데, 아이들이 나에게 기대를 하고 있었다. 평소에 축구를 잘한다고 소문이 났기 때문이다.

드디어 3반과의 축구시합이 시작되었다. 내가 좋아하는 미란이도 보고 있었기 때문에 더 잘해야겠다는 생각이 들었다.

3반 태웅이란 친구가 공을 가지고 있는 나에게 다가왔다. 공을 빼앗기자 나는 얼른 태웅이를 쫓아갔다. 그런데 쉽게 따라갈 수가 없었다. 결국 태웅이가 먼저 한 골을 넣었다. 2 : 0으로 우리 반이 졌다. 너무너무 속상해서 집에 와서도 잠이 오질 않았다.

두 번째 일기

날짜 : 5월 9일 토요일   날씨 : 비

제목 : 엄마는 언니만 좋아해.

오늘 언니랑 싸웠다. 엄마가 만들어 주신 달걀말이를 먹고 있는데, 언니가 마지막 남은 2개를 모두 가져가 버린 것이다.

나는 그런 게 어딨냐고, 하나씩 나눠먹자고 했는데 언니는 들은 체도 안 했다.

내가 속상해서 울자, 엄마가 화를 내시며 우리 둘에게 벌을 내리셨다. 잘못은 언니가 했는데 왜 나까지 벌을 받는 건지 속상했다.

엄마는 언니를 더 좋아하는 걸까? 언니만 벌을 주면 되지, 왜 나까지 벌을 서야 하는지 알 수가 없다.

일기는 내가 화났던 일, 속상했던 일, 또는 행복했던 일들을 솔직하게 고백하는 거예요. 첫 번째 일기는 축구에 져서 속상한 마음을 솔직하게 표현하고 있어요. 두 번째 일기는 달걀말이 반찬으로 인해 언니랑 싸운 일과 벌을 받은 과정에 대해서 쓰고 있어요.

사람의 기분은 항상 달라져요. 좋을 때도 있고 나쁠 때도 있어요. 이런 마음을 가장 솔직하게 정리하는 것이 바로 일기지요. 하지만 가끔은 솔직하게 쓰는 것이 어렵게 느껴질 때도 있어요. "이런 걸 쓰면 부모님이 싫어하지 않을까?" "선생님이 보실 텐데…" 라는 생각은 버리고, 내가 겪은 일과 그 상황에서 어떤 생각을 했는지, 또 어떤 기분이 들었는지 솔직하게 표현하면 됩니다. 일기는 남에게 보여 주기 위해서 쓰는 것이 아니라, 나의 하루를 정리하고 나 자신의 발전을 위해서 쓰는 거랍니다.

이번에는 내가 직접 써 보아요.
오늘 하루 있었던 일에 대한 나의 솔직한 마음을 일기장에 털어놓는 거예요.

날짜 :   날씨 :

제목 :

6일 대화일기를 써 보자.

오늘은 선생님께 들은 이야기가 많아요. 오늘은 엄마와 대화를 많이 나누었어요.

가끔은 누군가와 이야기 나눈 것을 쓸 때도 있을 거예요. 이럴 때 내가 들은 이야기를 정리하기가 쉽지 않다면 " "(큰따옴표)를 이용한 대화일기를 써 보는 것이 어떨까요?

대화일기는 누군가와 나눈 대화를 그대로 일기장에 옮기는 거예요. 일기를 쓸 때는 서술형도 좋지만 어느 정도 익숙해진 후에는 실제 그 사람과 대화하듯 묻고 답하는 대화체로 써 보기를 권합니다.

같은 내용이라도 대화체로 쓸 경우 언어의 표현력이 좋아지고 다른 사람의 말에 귀기울이는 법과 그 문제에 대해 생각하는 힘도 길러진답니다.

똑똑 일기박사 – 일기 잘 쓰는 법 ❻

📖 일기장에서 목소리가 들려요!

대화일기는 누군가와 나눈 대화를 그대로 일기장에 옮기는 거예요.
국어책이나 동화책에서 " "(큰따옴표)를 보았을 거예요. 그 부분은 등장인물들의 대화 장면이지요.
이처럼 일기를 쓸 때도 실제로 대화를 나눈 것을 옮겨서 적어 보는 거예요.
동화책의 대화가 생생하게 느껴지듯이 나의 일기장에서도 이야기하는 사람의 목소리가 살아 있는 듯 생동감있게 느껴질 거랍니다.

 오늘 하루를 보내면서 누군가와 대화했던 장면을 떠올려 보아요.

 그 사람이 나에게 무슨 말을 했는지 정리해서 적습니다.
그리고 나는 뭐라고 대답했는지도 적습니다.

 대화를 통해서 알게 된 점이나 느낀 점도 함께 적습니다.

친구들은 대화일기를 어떻게 썼는지 볼까요?

첫 번째 일기

날짜 : 5월 15일 토요일   날씨 : 햇님이 활짝

제목 : 스승의날

"선생님, 이거…"

"어머, 이게 뭐니?"

"오늘이 스승의날이라서 선생님! 드리려고 꽃 가져왔어요."

"와, 정말 고맙다. 너무 감동받았어요."

"앞으로 선생님! 말씀 잘 들을게요."

"그래, 고마워."

두 번째 일기

날짜 : 5월 19일 월요일   날씨 : 소나기가 주룩주룩

제목 : 어른들은 몰라요!

컴퓨터 게임을 하고 있는데 엄마가 와서 말했다.
"너, 컴퓨터 게임은 하루에 한 시간만 하기로 했잖아. 자꾸 약속 어길래?"
나는 개미만한 목소리로 "조금만 더 할게요"라고 말했다.
그러자 엄마는 화가 난 목소리로 "약속을 했으면 지켜야 착한 어린이지.
얼른 끄고 네 방으로 들어가!"라고 하셨다.
'쳇, 엄마는 내 마음도 몰라.'
다른 친구네 엄마는 게임을 오래 해도 아무 말 안 한다는데, 우리 엄마가 아마 잔소리가 제일 심할 것이다. 아무리 나를 위해서라지만 빨리 어른이 되어서 게임을 마음껏 하고 싶다.

대화일기는 말 그대로 오늘 누군가와 나눈 대화 내용을 그대로 옮기는 거예요.
첫 번째 일기는 스승의날에 선생님께 꽃을 드리면서 나눈 이야기이고, 두 번째 일기는 엄마에게 혼이 난 내용을 적었네요. 두 일기의 차이점은 무엇일까요? 첫 번째 일기는 단순히 대화 내용만을 썼지만, 두 번째 일기는 그 대화를 누가 했는지에 대해 설명하고, 대화를 나눈 후 나의 속상했던 마음도 함께 적었어요. 단순히 대화만 적기보다는 대화를 나눌 때의 표정이나 목소리 그리고 당시의 상황까지 자세히 쓴다면 더욱 좋은 일기가 될 수 있답니다.

이번에는 내가 직접 써 보아요.
오늘 기억에 남는 대화 내용을 일기장에 옮겨 보는 거예요.

날짜 :   날씨 :

제목 :

7일 동시일기를 써 보자.

국어 시간을 통해서 일기 쓰는 법도 배우고 동시에 대해서도 배웠을 거예요.

동시와 일기가 합쳐지면 어떻게 될까요? 일기의 종류가 많다는 것은 이제 여러분도 잘 알 거예요. 오늘은 일기의 종류의 하나인 동시일기를 써 보는 건 어떨까요? 이렇게 평상 시에도 동시를 지어 본다면 나의 글솜씨는 더욱 좋아지겠죠?

똑똑 일기박사 – 일기 잘 쓰는 법 ⑦

짧고 재미있는 동시일기 쓰기

동시일기는 내가 오늘 본 것, 한 것들에 대한 느낌을 동시로 표현하는 일기예요.

그렇다면 동시는 어떻게 쓰는 걸까요? 동시는 한 가지 주제를 가지고 내 생각을 짧게 표현한 글이에요. 일기를 예로 든다면, 먼저 '마치'나 '같이'란 말을 붙여서 무언가에 빗대어 '친구 같은 일기장'이라고 만들 수 있겠지요. 또한 소리나 움직임을 표현해서 나타낼 수도 있어요.

'기차가 칙칙폭폭' '아기가 아장아장' 같이 표현할 수 있답니다. 이런 방법들을 사용하여 리듬을 살려 글 자 수를 맞춘다면 예쁘고 재미있는 동시를 쉽게 만들 수 있을 거예요.

- **1단계** 주제를 한 가지 정해 보아요. 어떤 것이든 상관없답니다.
- **2단계** 그 주제와 관련된 소리나 움직임에 대해서 관찰해 보고 글로 표현해 보아요.
- **3단계** 노래 부르듯이 읽으며 일기장에 옮겨 보아요.

친구들은 동시일기를 어떻게 썼는지 볼까요?

첫 번째 일기

날짜 : 9월 10일 금요일   날씨 : 시원한 가을바람

제목 : 고추잠자리

잠자리! 잠자리!
고추잠자리!

꼬리엔 꼬리엔
빨간 고추장

언제나 언제나
매워 윙윙윙

두 번째 일기

날짜 : 5월 30일 일요일   날씨 : 뭉게구름이 둥실둥실

제목 : 비눗방울

비눗방울은 비행기
하늘 높이 나니까

비눗방울은 겁쟁이
손만 닿아도 터지니까

비눗방울은 나그네
멀리 멀리 떠나니까

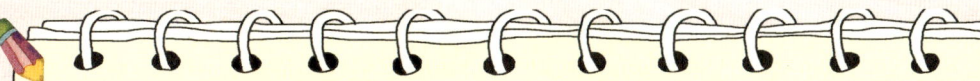

동시는 일기와 아무 관련이 없다고 생각하기 쉽지만 그렇지 않아요.
동시와 일기는 글을 잘 쓰는 데 아주 큰 도움이 된답니다. 특히 동시 같은 경우는 리듬감을 살릴 수 있고 아름다운 우리 말과 표현력을 기를 수 있어요.
일기를 통해서 동시를 써 본다면 더 효과적으로 글쓰기 연습을 할 수 있습니다.
가끔씩 일기 대신 일기장에 내가 지은 동시를 쓰는 것은 어떨까요?

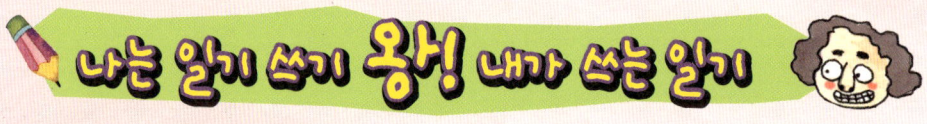

이번에는 내가 직접 써 보아요.
내가 직접 지은 최고의 동시를 일기장에 옮겨 보는 거예요.

날짜 :   날씨 :

제목 :

8일 상상일기를 써 보자.

지금까지는 실제로 내가 겪었던 일만 일기로 적었지만 오늘은 실제로 있었던 일이 아닌, 상상한 일을 일기로 쓰면 어떨까요? 재미있을 것 같지 않나요?

평소에 말도 안 된다고 생각했던 상상이나 꿈 속 이야기를 일기장에 옮겨 보아요. 일기에 대해 새로운 느낌을 가지게 될 거예요. 상상하는 능력은 나중에 다른 일을 할 때에도 큰 도움이 된답니다.

똑똑 일기박사 - 일기 잘 쓰는 법 ⑧

일기는 상상도 현실로 쓸 수 있어요!

혹시 이런 상상 해 본 적 없나요?

'매일이 나의 생일이라면' 혹은 '매일 방학이라면' 이런 기분좋은 상상이나, '엄마와 내가 바뀐다면' '나에게 날개가 생긴다면' 같은 엉뚱한 상상 말이에요.

상상일기는 이런 생각들을 정리하고, 실제로 이런 일이 일어난다면 어떨지를 생각하여 상황을 만들어서 써 보는 일기예요. 그러나 상상일기라고 해서 무조건 내 마음대로 쓰기보다는 영화나 과학책에서 보고 배운 내용들을 적용한다면 더 멋진 상상일기가 되겠죠?

- **1단계** 평소에 상상한 것들을 생각해 보아요. 주제는 상관없답니다.
- **2단계** 상상한 이야기지만 진짜 있었던 일처럼 적어 보아요.
- **3단계** 그 이야기에 대한 나의 생각도 함께 옮겨 보아요.

친구들은 상상일기를 어떻게 썼는지 볼까요?

첫 번째 일기

날짜 : 6월 7일 월요일   날씨 : 맑음

제목 : 내가 인어공주라면?

만약에 내가 인어공주라면 나는 다리를 내 목소리와 바꾸지 않을 거야.

목소리보다는 집에서 가장 좋은 물건과 바꿨을 거야.

아니면 그냥 인어인 채로 왕자님을 만났어도 나를 좋아해 주지 않았을까?

나는 인어 비늘이 참 예쁘던데, 분명히 왕자님도 예뻐해 주었을 거야.

그럼 왕자님과 결혼도 하고 나도 물거품이 되지 않았을 텐데…

진짜 인어공주는 바보 같다.

두 번째 일기

날짜 : 8월 22일 일요일   날씨 : 더워

제목 : 뽀삐가 말을 해요.

아침 일찍부터 누군가가 나를 깨웠다. 눈을 떠 보니 뽀삐가 내 침대 위에 올라와 있었다. 그런데 뽀삐가 내 귀에다 대고 말을 하는 거였다.
"지훈아, 너무 덥고 목이 말라. 물 좀 줘."
나는 깜짝 놀라 잠에서 깼다. 잘못 들은 줄 알았지만 뽀삐가 말하는 것이 분명했다. "물 좀 달라니까. 여름이라 너무 더워."
내가 얼른 물을 가져다 주었더니 뽀삐는 시원하게 마시며 말했다. "고마워."
"그래. 근데 어떻게 말을 하지?"
"원래 말을 할 줄 아는데, 네가 평소에 내 소리에 귀기울이지 않았기 때문이야." 그 말에 깜짝 놀라서 깨어났다. 뽀삐는 나를 보며 꼬리를 흔들고 있었다.

여러분도 평소에 상상했던 일이나 잊혀지지 않는 꿈이 있다면 일기장에 써 보아요. 엄마를 도와 청소하는 로봇이나 우주 여행을 마음대로 할 수 있는 우주정거장 이야기들이 있겠지요.
첫 번째 일기는 책을 읽은 후 '내가 만약 주인공이라면 어떠했을까?'라는 가정하에 쓴 일기이고, 두 번째 일기는 꿈에서 일어난 일을 실제 있었던 일처럼 생생하게 적은 일기입니다.
먼저 상상일기를 쓸 주제를 정했다면 나도 작가가 되었다고 생각해 보세요. 그러면 '백설공주' 못지않은 재미있는 동화를 쓸 수 있을 거예요. 평소에도 상상하는 버릇을 들이면 나의 상상력은 날로 발전할 거예요.

나는 일기 쓰기 왕! 내가 쓰는 일기

이번에는 내가 직접 써 보아요.
내가 상상한, 말도 안 되는 이야기를 일기장에 옮겨 보는 거예요.

날짜 :   날씨 :

제목 :

9일 관찰일기를 써 보자.

관찰일기는 한 가지 사물이나 자연을 정해서 그것에 대해 관찰한 후 쓰는 일기예요. 할머니 댁 앞마당에 심어져 있는 꽃, 꽃 위를 날아다니는 예쁜 흰나비, 주위에서 쉽게 볼 수 있지만 자세히 보지 못했던 것들을 자세히 관찰해 보아요.

새로운 것들을 알려 주는 관찰일기

관찰일기란 식물이나 동물 등 관찰하고 싶은 것을 하나 정해서 자라나는 과정이나 생김새, 특징을 관찰하여 그 내용을 일기로 옮기는 것을 말해요. 이런 일기는 학교에서 한 번쯤 숙제로 내 주기도 해요. 그만큼 중요하기 때문이에요.

무언가를 관찰하다 보면 관찰력이 생기고, 이 관찰력은 호기심과 자연학습 능력을 키우는 데도 도움이 돼요. 관찰일기를 쓰기 위해서는 먼저 관찰 대상을 정하고 관찰하게 된 동기를 쓰고 매일 달라지는 부분, 새롭게 알게 된 것 등에 대해 자세히 적습니다. 또한 부족한 부분은 백과사전이나 인터넷을 통해 찾아보기도 해요. 그리고 마지막에는 관찰하면서 느낀 점에 대해 적습니다.

- **1단계** 관찰 대상을 선정해 보아요. 식물, 동물, 물건 등 아무거나 좋답니다.
- **2단계** 관찰 기간은 하루가 걸릴 수도 있고 일 주일, 몇 달이 걸릴 수도 있어요. 하루도 거르지 말고 일기장에 옮겨 보아요.
- **3단계** 관찰 후 내가 더 찾은 정보나, 관찰하면서 느낀 점을 함께 적어 보아요.

친구들은 관찰일기를 어떻게 썼는지 볼까요?

첫 번째 일기

날짜 : 5월 29일 토요일   날씨 : 맑고 고운 하늘
제목 : 로즈마리

이모가 집에 놀러 오셨는데, 한 손에 화분을 들고 계셨다. 초록색의 기다란 이파리였는데, 자세히 보니 이파리 밑은 하얀색이고 아기같이 솜털도 나 있었다. 이모는 이 식물의 이름이 '로즈마리'이며 허브의 한 종류라고 알려 주었다. 로즈마리... 예쁜 이름만큼이나 향긋한 냄새가 났다. 더 신기한 건 차로 만들어 먹을 수 있다는 거였다. 먹으면 똑똑해지고 예뻐진다며 잘 키우라고 하셨다. 나는 바로 로즈마리 키우는 방법을 찾아보았다. 햇볕이 잘 드는 곳에 놓아두고 3~4일에 한 번씩 물을 주라고 했다. 나도 로즈마리를 잘 키워서 예뻐져야지.

> 다음부터는 태양은 관찰하지 말고 피하자.

두 번째 일기

관찰 대상: 개미   관찰 기간: 4월 2~7일   준비물: 유리상자, 모래, 돋보기

관찰 이유: 동화책에서만 보던 개미를 자세히 알고 싶어서

제목: 개미는 어떻게 지낼까?

관찰 내용: 개미는 머리, 가슴, 배로 나뉘고 얼굴 밑에 수염 같은 것이 있는데 더듬이라고 하며 사람의 눈 역할을 한다고 한다. 가끔 자기들끼리 뽀뽀를 하기도 했다. 책을 찾아보니 서로 대화하는 것이라고 했다. 개미들은 턱을 이용해서 굴을 팠다. 굴은 둥근 모양이고 크기는 달랐다.

느낀 점: 개미는 작고 약하고 하찮은 곤충이라고 생각해서 친구들과 개미를 가지고 장난치기만 했는데, 이번에 지켜보니 개미도 생각이 있고 열심히 산다고 생각했다. 그리고 지켜 줘야 할 소중한 생물이란 것도 느꼈다. 앞으로는 지나가면서도 개미를 밟지 않도록 조심해야겠다.

첫 번째 일기보다는 두 번째 일기처럼 관찰하게 된 동기와 언제부터 언제까지 관찰하였는지, 그리고 관찰한 결과는 어떤지, 관찰을 통해 느낀 점은 무엇인지 자세히 적는 것이 좋아요. 한눈에 알 수도 있으며 더 높은 학습 효과를 기대할 수가 있답니다.

또 다른 것들도 관찰해 보며 관찰일기를 꾸준히 쓰게 되면 하나둘 알아가는 재미도 느낄 수 있을 거예요. 평소 관심을 두지 않던 주위의 것들을 자세히 둘러보며 관찰일기를 써 보아요. 일기의 또 다른 재미를 느낄 수 있을 것입니다.

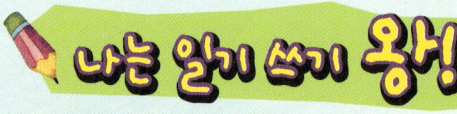 

이번에는 내가 직접 써 보아요.
관찰한 것에 대한 모든 것을 일기장에 옮겨 보는 거예요.

관찰 대상 :   관찰 시기 :

준비물 :   관찰 이유 :

제목 :

관찰 내용:

느낀 점 :

10일 편지일기를 써 보자.

여러분은 편지를 써 본 적이 있나요?

다투었던 친구에게 미안하다는 마음의 편지나 멀리 계시는 할머니께 편지를 쓸 수도 있겠지요. 오래 보지 못한 사람에게는 보고 싶다는 마음을 담은 편지 형식의 일기를 쓸 수 있을 것이고, 매일 보는 사람에게는 평소에 하지 못한 말을 남길 수도 있어요. 오늘 생각나는 사람에게 하고 싶은 말을 정리한다는 생각으로 편지일기를 써 보세요.

똑똑 일기박사 – 일기 잘 쓰는 법 ⑩

내 마음을 훈훈하게 하는 편지일기

편지일기를 쓰려면 누구에게 쓸 건지 먼저 대상을 정해야 해요. 엄마께, 짝꿍에게, 또는 컴퓨터에게도 쓸 수 있겠죠.

이 때 특별한 제목을 붙인다면 더 좋겠지요. '나의 영원한 친구, 컴퓨터에게' 이런 식으로요. 그리고 첫 인사와 함께 편지를 쓰는 이유도 간단히 적어 주세요. 그 다음에는 편지 쓰는 대상에게 하고 싶은 말을 적어내려가요. 부탁하고 싶은 말이나 사과하는 내용이 있을 수도 있지요. 내용은 편지 쓰는 사람의 마음, 상황에 따라 달라지게 돼요. 마지막에는 헤어지는 인사를 하며 끝맺음을 하면 된답니다.

1단계 평소에 편지를 쓰고 싶었던 사람을 떠올려 보아요. 누구든지 상관없답니다.

2단계 편지를 보낼 사람에게 하고 싶은 말을 정리해 보아요.

3단계 헤어지는 인사를 하며 편지일기를 마무리해요.

친구들은 편지일기를 어떻게 썼는지 볼까요?

첫 번째 일기

날짜 : 10월 1일 금요일   날씨 : 바람이 살랑살랑

제목 : 군인 아저씨께

군인 아저씨, 안녕하세요?

저는 으뜸초등학교 1학년 1반 보라예요.

오늘은 국군의 날이에요. 그래서 축하해 드리려고 편지를 써요.

선생님께서 아저씨들이 있기 때문에 우리가 편히 지낼 수 있는 거라고 하셨어요.

군인 아저씨, 우리나라를 지켜 주셔서 감사합니다.

군인 아저씨, 파이팅!!

두 번째 일기

날짜 : 7월 26일 토요일   날씨 : 햇볕 쨍쨍

제목 : 보고 싶은 희정이에게

희정아, 나 지혜야.

네가 이사간 지 벌써 한 달이 지났어.

나는 네가 너무 보고 싶은데, 넌 내가 안 보고 싶니?

학교 끝나면 우리 집에 놀러 와서 떡볶이도 먹고 재미있게 놀았는데...

방학하면 우리 집에 놀러 온다는 약속, 꼭 지켜야 해?

엄마가 또 떡볶이 해 주시겠대. 그러니까 꼭 놀러 와.

희정이가 생각나서 편지를 써 보았다. 엄마가 희정이네 집 주소를 알려 주셔서 우체국에 가서 우표도 붙이고 편지도 보냈다. 희정이한테 잘 전달되어서 빨리 답장이 왔으면 좋겠다.

국군의날을 맞이하여 군인 아저씨께 쓴 글과 이사를 간 단짝친구에게 쓴 편지일기예요. 누군가에게 편지를 쓰다 보면 평소 그 사람에 대해 생각했던 것보다 더 많은 생각과 관심을 갖게 됩니다. 군인 아저씨께 쓴 첫 번째 편지일기에는 군인 아저씨께 하고 싶은 말은 담겨 있지만 내가 누구인지, 어떤 이유로 편지를 쓰게 되었는지 동기가 쓰여 있지 않아요. 그러면 받는 사람도 편지를 받은 이유를 잘 모르기 때문에 편지의 의미가 약해지게 돼요.

두 번째 편지일기처럼 편지를 쓴 후 어떻게 보냈는지 자신의 마음을 남기는 것도 편지일기를 잘 쓰는 좋은 방법이랍니다.

이번에는 내가 직접 써 보아요.
생각나는 사람을 떠올리며 쓴 편지를 일기장에 옮겨 보는 거예요.

날짜 :   날씨 :

제목 :

11일 감상일기를 써 보자.

감상일기란 영화나 연극, 책 등을 보고 난 후에 어떠한 느낌이 들었는지 감상문을 일기로 옮기는 거예요. 간단한 줄거리와 그 내용에 대한 나의 느낀 점을 쓰다 보면 생각의 폭이 넓어지고 다양한 표현력을 익힐 수 있게 됩니다.

이제 영화를 본 날이나 기억에 남는 책을 읽었다면 그냥 넘어가지 말고 감상일기를 써 보아요. 나의 상상력과 표현력이 쑥쑥 커질 거예요.

똑똑 일기박사 – 일기 잘 쓰는 법 ⑪

멋진 작품들이 내 일기장 속으로

감상일기를 쓰기 전에 무엇을 감상하고 써야 할지 고민이 될 거예요. 하지만 주위에는 생각보다 많은 것들이 있어요. 영화도 될 수 있고 만화도 될 수 있고 책이나 음악, 그림들 모두가 포함돼요. 내가 평소에 좋아하던 것, 누군가의 추천으로 보게 된 것, 우연히 보게 된 것 중 하나를 선정하면 돼요.

이런 것들을 보고 들을 때 드는 느낌을 '감상'이라고 합니다. 감상일기를 좀더 효과적으로 쓰기 위해서는 그때 그때 적는 방법이 좋겠지만 쉽지는 않을 거예요. 그럴 땐 가장 기억에 남는 부분을 기억해 두었다가 기록하는 것이 가장 쉬우면서 좋은 감상일기 쓰기법이랍니다.

- **1단계** 가장 기억에 남는 영화나 연극, 책을 하나 선정해 보아요.
- **2단계** 줄거리나 내용을 떠올리며 정리하여 써 보아요.
- **3단계** 보면서 느꼈거나, 보고 난 후 나의 생각도 함께 적어 보아요.

친구들은 감상일기를 어떻게 썼는지 볼까요?

첫 번째 일기

날짜 : 8월 10일 금요일   날씨 : 매우 더움

제목 : 해리포터가 부러워

여름방학이라고 삼촌이 놀러 오셔서 나와 동생을 영화관에 데려갔다.
해리포터 영화를 보았다. 주인공 해리포터는 마법학교에 다니는 마법사이다.
겉으로 보기에는 약해 보이지만 마법의 지팡이만 있으면 괴물들, 악당들도 바로
무찌를 수 있고 낡은 안경도 새 것으로 바꿀 수 있다.
빗자루를 타고 하늘을 날기도 하고 투명망토를 입으면 몸이 투명해져서 아무도
못 보게 할 수 있는 능력도 있다.
나도 해리포터처럼 되고 싶다. 마법의 지팡이가 있다면 맛있는 것도 매일 먹을
수 있고, 하늘도 날 수 있을 것이다. 또 투명망토가 있으면
여기 저기 마음껏 돌아다닐 수 있을 텐데…

두 번째 일기

날짜 : 9월 14일 화요일   날씨 : 흐림

제목 : 짱구와 나는 말썽쟁이

'짱구는 못 말려'라는 만화영화를 보았다.

짱구는 내가 요즘 자주 보는 만화영화 주인공인데, 최고의 말썽쟁이다.

가만히 생각해 보니 짱구와 나는 비슷한 점이 많았다.

짱구와 나는 집 안을 어지럽히고 음식을 골고루 먹지 않고 편식을 한다.

나는 짱구가 귀엽긴 하지만 가끔 그런 행동들은 밉다고 생각했다.

이제부터는 방 청소도 잘하고 편식도 안 하고 짱구와 다른 모습을 보여야지.

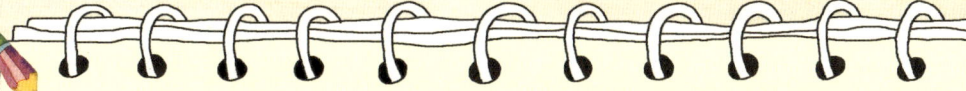

영화나 책을 보고 가슴 뭉클했거나 매우 신이 났던 장면이 있을 거예요. 하지만 금방 잊어버리고 말지요. 하지만 이렇게 감상일기를 쓰게 되면 나의 가슴 속 깊이 새겨둘 수가 있어요.
첫 번째 일기처럼 마법을 부릴 줄 아는 해리포터에 대한 환상과 부러움에 대해 적을 수도 있고, 두 번째 일기처럼 나의 경험을 짱구라는 만화영화의 주인공의 생활에 빗대어 써 볼 수도 있어요.
감상일기는 두 개의 일기처럼 먼저 주인공이나 주요 내용에 대해 간단히 쓴 후, 그로 인해 내가 느낀 점을 자연스럽게 이어가면 된답니다.

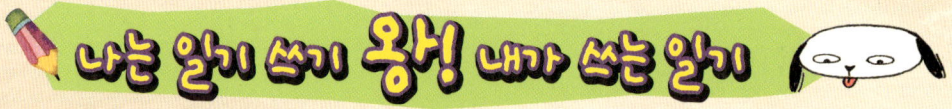

이번에는 내가 직접 써 보아요.
오늘 본 영화, 연극, 책을 떠올리며 감상문을 일기장에 옮겨 보는 거예요.

날짜 :   날씨 :

제목 :

12일 체험일기를 써 보자.

체험일기는 내가 새롭게 본 것이나 새로운 곳으로 떠나서 경험한 것을 정리한 일기를 말해요. 예를 들면 양떼목장에서 양을 구경하고 온 날, 딸기농장에서 딸기를 직접 따 본 날, 수영을 처음 배운 날 등 이런 특별한 일이 있었던 날을 기억하기 위해 적는 일기랍니다.

똑똑 일기박사 – 일기 잘 쓰는 법 ⑫

 특별한 경험을 소중히 간직할 수 있어요.

특별한 장소에서 겪은 특별한 경험을 기록하는 체험일기는 어떻게 써야 할까요?

먼저 그 곳에 가게 된 동기와 기대감, 나의 기분 등을 써 볼 수 있겠지요. 그 다음에는 실제로 그 곳에 가서 본 것, 들은 것, 알게 된 것들과 함께 내가 느낀 것에 대해 순서대로 모두 써 보아요. 새로운 것을 접했을 때 내 마음이 어떠했는지를 쓰면 된답니다. 마지막에는 오늘 하루 어땠는지 보람이나 반성에 대한 말로 마무리를 지으면 돼요.

체험일기라는 말이 생소해서 어렵게 느껴질지도 모르겠지만, 새로 알게 된 지식과 경험, 소감 등을 토대로 정리하면 어렵지 않게 쓸 수 있을 것입니다.

1단계 오늘 있었던 특별한 경험을 머릿속에 떠올려 보아요.

2단계 본 것, 들은 것, 알게 된 사실, 있었던 일을 적어 보아요.

3단계 새로운 경험을 통해 배운 것과 나의 느낌에 대해서도 정리하여 적어 보아요.

친구들은 체험일기를 어떻게 썼는지 볼까요?

첫 번째 일기

날짜 : 8월 5일 수요일   날씨 : 땀이 삐질삐질
제목 : 조개잡기는 재미있어!

여름방학이 시작된 후 아빠의 휴가를 이용하여 처음으로 가족여행을 떠났다. 도착한 곳은 제부도였다. 우리가 도착한 시간에 바다는 갯벌로 변해 있었다. 나는 질퍽질퍽한 갯벌이 싫었는데, 다른 사람들은 갯벌에 앉아서 무언가를 하고 있었다. 아빠가 차 안에서 여러 도구를 꺼내시더니 조개를 잡으러 갯벌에 들어가자고 하셨다. 갯벌에 발이 쑥쑥 들어가는 것도 재밌고 조개잡는 것도 재미있었다. 다음 여름휴가 때 또 왔으면 좋겠다.

두 번째 일기

날짜 : 10월 4일 일요일   날씨 : 화창한 날

제목 : 박물관에 간 날

일요일이라 가족들과 함께 박물관에 다녀왔다.

제일 먼저 본 것은 이상한 집이었는데, 움집이란 거였다. 선사시대 때 살던 집이라고 했다. 이런 곳에서 사람이 살다니, 신기했다.

옛날 물건들은 신기한 게 참 많았다. 악기들도 신기하게 생겼다. 가야금과 거문고도 있었는데, 가야금은 줄이 12개이고 거문고는 6개란 것도 알았다.

처음 보는 물건들도 많았다. 옛날에 농사를 지을 때 쓰던 기구도 보았다.

박물관을 돌아보면서 왠지 내가 옛날 사람이 된 것 같은 기분이 들었다.

박물관은 참 재미있고 신기한 것들이 많은 곳이었다.

새로운 곳에 가면 내가 지금까지 보지 못했던, 알지 못했던 경험을 하면서 재미를 느끼게 되지요. 무언가 새로운 체험을 해 보고 놀이를 하는 것도 배움의 한 가지랍니다. 이런 배움은 나에게 여러 가지 느낌과 생각을 하게 해 주어요. 이런 경험을 소중히 간직하지 않고 금방 잊어버리면 너무 아깝지 않을까요? 그래서 체험일기를 쓰는 것이랍니다.

조개잡기를 체험한 첫 번째 일기와 박물관을 다녀온 두 번째 일기 모두 체험일기이지만 다른 점이 있어요. 첫 번째 일기는 새로운 정보에 비해 체험하기 전과 후의 기분 변화에 대해 잘 표현하였고, 두 번째 일기는 박물관에서 배운 새로운 사실에 대해 잘 써 주었네요. 체험일기는 체험 후 새롭게 알게 된 사실들을 잘 정리하면 좋은 일기가 됩니다.

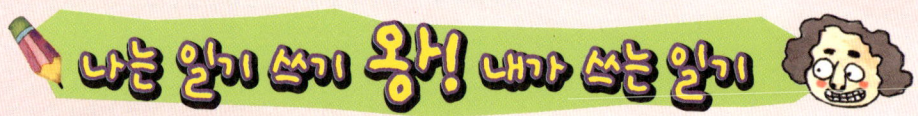

이번에는 내가 직접 써 보아요.
색다른 경험을 해 본 이야기를 일기장에 옮겨 보는 거예요.

날짜 :   날씨 :

제목 :

13일 학습일기를 써 보자.

학습일기란 내가 오늘 하루 공부한 것이나 배운 것을 정리하여 일기장에 옮기는 거예요. 우리는 학교에서, 또는 집에서 공부를 해요. 하지만 내가 어떤 공부를 얼마나 하고 있는지는 잘 몰라요. 처음 곱셈, 나눗셈을 배운 것부터 컴퓨터를 배운 이야기도 좋답니다. 오늘 하루 배운 것을 일기장에 옮겨 보세요.

똑똑 일기박사 – 일기 잘 쓰는 법 ⑬

일기는 나의 또다른 학습장

공부한 내용을 일기장에 옮긴다면 일기장은 하나의 학습장으로 활용할 수가 있어요.

학습일기는 내가 오늘 배운 내용을 쓰기도 하지만 먼저 나의 계획을 세우는 것이 중요해요. 계획이란 내가 오늘 하루 무엇을 얼마만큼 할 것인지 정해 보는 거예요. 예를 들어 '덧셈 문제 풀기'라는 계획을 세웠다면 문제를 풀어 보고 어떻게 풀었는지 풀이 과정, 또는 어려운 부분이나 틀린 문제도 함께 적다 보면 내가 부족한 부분을 찾아낼 수가 있지요.

그리고 내가 계획한 것을 바르게 실천하였는지 확인할 수 있는 학습계획표를 만들면 더 효과적인 학습일기를 쓸 수 있답니다.

1단계 오늘 하루 배운 내용이나 나의 학습 계획을 적어 보아요.

2단계 공부한 내용을 일기장에 옮겨 보세요.

3단계 나의 느낌과 다짐 그리고 학습계획표를 만들어 매일 실행할 수 있도록 해 보아요.

친구들은 학습일기를 어떻게 썼는지 볼까요?

첫 번째 일기

날짜 : 9월 20일 월요일   날씨 : 시원한 바람이 솔솔

제목 : 도 레 미 파 솔 라 시 도

오늘부터 피아노 학원에 다니기로 하였다.

원래 배우고 싶어서 엄마한테 졸랐던 거라 너무 기대가 되고 설레었다.

선생님과 인사를 하고 드디어 피아노 의자에 앉아서 건반을 쳐 보았다.

하지만 아직 어떻게 치는 건지 잘 몰라서 이상한 소리가 났다.

우리 반 승은이는 벌써 바이엘도 다 배워서 음악시간에 피아노 반주도 하는데... 나는 빨리 배우고 싶었지만 선생님은 처음부터 차근차근 배워야 잘할 수 있다고 하셨다. 빨리 내일이 와서 더 많은 걸 배우고 싶다.

열심히 해서 승은이보다 더 잘 쳐야지!!

두 번째 일기

날짜 : 4월 25일 일요일   날씨 : 따뜻한 봄

제목 : 오늘은 5단!

며칠 전 학교에서 너무 창피했다.

내 짝이 구구단을 외우고 있었던 것이다. 나는 3단까지밖에 할 줄 모르는데…

창피한 나머지 구구단을 외울 계획을 짰다. 어제는 4단을 외웠고 오늘은 5단을

외울 차례였다.

5단을 외우면서 느낀 건데 4단보다 5단이 훨씬 쉬웠다.

5x1=5, 5x2=10, 5x3=15, 5x4=20,

5x5=25, 5x6=30, 5x7=35, 5x8=40, 5x9=45

엄마가 공부 계획표를 만들어 주셨다. 달력에다 그날 그날 외울 구구단을 써 주

시고, 잘 지키면 완벽하게 외울 수 있다고 하셨다.

첫 번째 일기는 피아노를 처음 배운 날 쓴 일기예요. 처음 피아노를 배워서 서툴지만 열심히 배워서 승은이보다 더 잘 치겠다는 각오와 다짐이 쓰여 있어요. 나의 각오는 학습일기의 중요한 부분이에요.

또한 두 번째 일기에서처럼 구구단을 열심히 외우게 된 이유와 구구단을 좀더 완벽하게 외울 수 있도록 '학습 계획표'를 만들어서 오늘 할 공부와 다음에 할 공부를 미리 정해놓고 체크하면 더 효과적으로 공부할 수 있고 일기 내용도 더 잘 정리할 수 있답니다.

이번에는 내가 직접 써 보아요.
오늘 배운 것들을 일기장에 옮겨 보는 거예요.

날짜 :   날씨 :

제목 :

14일 칭찬일기를 써 보자.

나는 오늘 하루 칭찬받을 만한 일을 얼마나 했을까요?

하루를 보내면서 작은 일이든 큰일이든 내가 잘했다고 생각하는 일을 중심으로 일기를 써 보고 스스로에게 칭찬을 해 보는 거예요. 숙제를 잘해 가서 선생님께 칭찬받은 일도 좋고, 쓰레기를 줍거나 재활용한 이야기 등 생각해 보면 내가 잘한 일이 많답니다.

똑똑 일기박사 – 일기 잘 쓰는 법 ⑭

칭찬하는 일기장

부모님이나 선생님께 칭찬을 받는 순간 나의 기분은 어땠나요?

기분이 좋고 뿌듯하지 않았나요? '칭찬은 고래도 춤추게 한다'라는 말이 있어요. 칭찬은 누구에게나 기쁨이 된다는 뜻이지요. 일기장에는 내가 잘한 일이 무엇인지 칭찬 이유를 적으면 되겠지요? 칭찬일기의 주인공은 꼭 내가 아니어도 돼요. 다른 친구의 잘한 점이나 부모님에 대한 감사의 마음을 적는 것도 하나의 방법이랍니다.

1단계 오늘 하루 있었던 일 가운데 가장 잘한 일을 머릿속에 떠올려 보아요.

2단계 그 일의 순서와 칭찬받아야 할 점에 대해서 잘 정리해 보아요.

3단계 칭찬받았을 때의 느낌과 앞으로의 다짐도 함께 적어 보아요.

친구들은 칭찬일기를 어떻게 썼는지 볼까요?

첫 번째 일기

날짜 : 5월 1일 토요일   날씨 : 맑음

제목 : 내가 일기를 제일 잘 썼대요.

우리 반 게시판에 일기 체크표가 있다.

일기를 쓸 때마다 선생님이 일기 체크표에 스티커를 붙여 주시고, 한 달에 한 번씩 일기왕에게 선물을 주신다.

오늘이 일기왕을 확인하는 날인데, 내 이름 옆에 스티커가 붙어 있었다. 내가 매일 일기를 썼기 때문이다. 선생님이 반 친구들 앞에서 내가 매일 일기를 잘 썼다고 칭찬해 주셨다. 나 말고도 매일 쓴 친구들이 있는데 그 아이들 모두 이름을 불러 주셨다. 앞으로도 매일 그리고 더 잘 써서 또 칭찬받아야지.

실은… 칭찬을 받아 본 적이 없는 것 같아요.

70

두 번째 일기

날짜 : 10월 4일 월요일   날씨 : 시원한 바람

제목 : 유림아, 고마워

어제 동생과 롤러블레이드를 타다가 넘어져 손목을 삐고 말았다.
하필 오른손으로 땅을 짚는 바람에 오른손에 깁스를 했다.
오늘 학교에 갔는데 글씨를 쓰기도 힘들고 밥을 먹기도 힘들었다.
그런데 유림이가 먼저 나에게 다가와 밥 먹을 때도 도와 주고 알림장도 대신 써 주었다. 많이 속상했는데 유림이 덕분에 기분이 나아졌다.
유림이는 정말 착한 것 같다. 나도 나중에 도움이 필요한 친구가 생기면 유림이처럼 도움을 주는 친구가 될 것이다.

첫 번째 일기는 일기를 잘 써서 칭찬받은 나에 대해 썼어요.
나의 잘한 점을 생각하면서 일기를 쓰면 스스로 뿌듯하면서 더 큰 다짐을 세울 수가 있어요.
그러기 위해서는 잘한 점만 쓰고 끝낼 것이 아니라 앞으로 더 잘해야겠다는 다짐이나 각오도 함께 들어가야 해요.
두 번째 일기는 나를 도와 준 친구를 칭찬한 일기예요. 이 일기에서는 유림이가 밥 먹을 때 나를 도와 주고 알림장도 대신 써 주는 등 어떤 칭찬받을 행동을 했는지 잘 정리하였어요.
이렇게 칭찬일기는 나에 대한 칭찬뿐만 아니라 친구 등 대상에 제한없이 자유롭게 쓸 수 있답니다.

이번에는 내가 직접 써 보아요.
오늘 가장 잘한 일을 일기장에 옮겨 보는 거예요.

날짜 :   날씨 :

제목 :

15일  반성일기를 써 보자.

사람은 누구나 실수를 하거나 잘못을 저지르기 마련입니다. 동생과 싸워서 엄마에게 혼이 나기도 하고 교실에서 떠들거나 숙제를 해 가지 않아서 벌을 받을 때도 있어요.
반성일기는 이렇게 내가 실수했던 일을 정리하고 나의 각오나 다짐을 일기장에 옮겨 보는 거랍니다.

똑똑 일기박사 – 일기 잘 쓰는 법 ⑮

📖 일기는 나를 반성하게 해 주어요!

우리가 일기를 쓰는 이유에는 여러 가지가 있는데, 그 중 하나가 자기 반성의 시간을 가질 수 있다는 점이에요.

자신이 잘못한 점을 그냥 넘어갈 때와 한번 더 생각할 때는 크게 다르답니다. 나의 실수를 그냥 넘어가게 되면 다음에 똑같은 실수를 저지를 가능성이 높지만, 한번 더 생각한 경우에는 똑같은 실수를 되풀이하지 않을 수 있어요. 무엇보다 내가 좀더 훌륭한 사람이 되는 데 도움이 된답니다.

오늘 하루 잘못한 일이나 실수한 일은 없는지 살펴보고 일기를 통해 반성하는 시간을 가져 보도록 해요.

1단계 오늘 하루 있었던 일 가운데 잘못한 일을 머릿속에 떠올려 보아요.

2단계 무엇을 잘못했는지, 왜 그러한 일이 생기게 되었는지 이유나 원인을 적어 보아요.

3단계 나의 생각과 반성할 점도 적어 보아요.

친구들은 반성일기를 어떻게 썼는지 볼까요?

첫 번째 일기

날짜 : 3월 5일 월요일   날씨 : 집에만 있고 싶은 추운 날씨!

제목 : 게임은 끝이 없어!

학교에서 오자마자 옷도 갈아입지 않고 컴퓨터 앞에 앉았다.
며칠 전 생일에 아빠가 사 주신 게임을 하기 위해서였다.
마침 집에 아무도 없어서 신나게 했다. 얼마나 시간이 흘렀는지 몰랐지만 왕을
공격할 때쯤 현관문이 열리더니 엄마가 들어오셨다. 엄마는 옷도 갈아입지 않고
아직까지 게임하고 있던 거냐며 화를 내셨다. 나도 모르게
벌써 저녁 시간이 다 된 것이다. 나는 얼른 컴퓨터를
끄고 내 방으로 갔다. 아무래도 오늘은 내가 컴퓨터를
너무 오래 한 것 같다.
앞으로는 조심해야지!

잘 생각해 봐.
정말 반성할 일 없어?

두 번째 일기

날짜: 8월 30일 수요일   날씨: 바람이 살랑살랑
제목: 별명 짓는 건 너무 재밌어!

오늘은 여름방학이 끝나고 2학기가 시작되는 날이다. 방학이 끝나서 아쉬웠지만 오랜만에 선생님과 친구들을 봐서 기분이 좋았다. 그런데 같은 반 보람이가 살이 엄청 쪄서 왔다. 나는 방학 때 텔레비전에서 본 영화 '꼬마돼지 베이브'가 생각나서 보람이를 보고 베이브라고 놀렸다. 보람이는 울어 버렸고 선생님한테까지 일렀다.
선생님은 친구의 겉모습을 가지고 놀리는 건 잘못된 행동이라고 하셨다. 내가 너무 잘못한 것 같아 사과를 했더니 보람이는 바로 내 사과를 받아 주었다. 이제부터는 보람이에게 더 잘해 주고 좋은 친구가 돼 주어야겠다.

반성일기를 쓸 때 반드시 들어가야 할 내용이 있어요. 첫 번째는 내가 무엇을 잘못했는지에 대해 쓰는 것이고, 두 번째는 잘못을 뉘우치는 반성의 글이 담겨 있어야 해요.
첫 번째 일기는 게임을 너무 오래 한 일을 쓴 것이고 두 번째 일기는 친구에게 별명을 만들어 놀린 일을 쓴 일기예요. 하지만 두 개의 일기는 느낌이 달라요.
두 번째 일기는 진심으로 자기 잘못에 대해 깊이 반성하며 다음에는 그러지 말아야겠다는 다짐을 하고 있지만, 첫 번째 일기는 잘못한 점은 잘 정리했지만 반성하는 마음은 엿보이지 않아요.
내가 잘못한 점이 무엇인지를 구체적으로 쓰고, 앞으로 그런 잘못을 하지 않겠다는 반성하는 마음까지 정리한다면 더욱 좋은 반성일기가 될 수 있답니다.

이번에는 내가 직접 써 보아요.
오늘 잘못한 일이 있으면 일기장에 옮겨 보는 거예요.

날짜 :   날씨 :

제목 :

16일 재미있는 표현을 사용해서 써 보자.

일기를 쓰면 좋은 점이 여러 가지가 있어요. 그 중 하나가 표현력을 길러 준다는 점이에요. 표현력을 좀더 효과적으로 높이기 위해서는 여러 가지 표현법을 쓰는 것이 좋은데, 대표적인 것으로 의태어와 의성어가 있어요. 의태어와 의성어에 대해 알아보고 일기에 활용해 보아요.

 의성어와 의태어란 무엇일까요?

의성어
(뜻) 소리를 재미있게 표현한 말
(예) • 염소가 음매음매　• 시냇물이 졸졸졸　• 자동차가 부릉부릉　• 시계가 째깍째깍

의태어
(뜻) 모양을 재미있게 표현한 말
(예) • 아기가 아장아장　• 거북이가 엉금엉금　• 번개가 번쩍번쩍　• 오리가 뒤뚱뒤뚱

똑똑 일기박사 – 일기 잘 쓰는 법 ⑯

 의성어와 의태어로 글을 써 보자.

강아지의 '멍멍' 소리처럼 소리가 나는 것은 의성어로 표현해 보고, 개구리가 '팔짝팔짝' 뛰는 것처럼 특유의 움직임이 있는 것은 의태어로 표현해 보아요.

그러면 내 일기장이 평범한 일기장에서 살아 있는(실감나는) 일기장으로 변신하면서 나의 표현하는 능력 또한 쑥쑥 자랄 거예요.

1단계 일기를 쓰면서 재미있는 표현을 쓸 대상을 정해요.

2단계 그 대상에 어울리는 말 – 의성어나 의태어를 찾아 적어 보아요.

3단계 또다른 표현은 없는지 생각해 보아요.

친구들은 재미있는 표현을 사용해서 일기를 어떻게 썼는지 볼까요?

첫 번째 일기

날짜 : 10월 5일 금요일   날씨 : 맑음

제목 : 거북이가 느릿느릿

학예회날이었다. 아침부터 가슴이 '콩닥콩닥' 뛰었다.
'토끼와 거북이'라는 연극에서 거북이 역할을 맡았기 때문이다.
동화 내용처럼 토끼를 맡은 현우가 먼저 '깡충깡충' 뛰어나갔다. 나는 그 뒤를 따라 '느릿느릿' 걸어가기 시작했다. 조금 답답했지만 거북이이기 때문에 느리게 가야 했다. 토끼가 중간에 나무에서 쉬자 나는 열심히 '느릿느릿' 걸었다. 그런데 그만 거북이 껍질이 무거워서 넘어지고 말았다. 구경하던 사람들 모두가 '깔깔깔' 웃었다. 나는 창피해서 얼굴이 빨개졌다. 다음 번 학예회 때는 실수없이 잘해야겠다.

두 번째 일기

날짜 : 5월 23일 일요일   날씨 : 보슬비!

제목 : 찌개가 보글보글

아침에 깜짝 놀라 일어났다.

'째깍째깍' 시계를 보자 9시가 다 되어 가고 있었다.

'엉엉' 눈물이 날 것 같았지만 바로 화장실로 달려가 '치카치카' 양치질을 했다.

밖으로 나오자 엄마는 맛있는 김치찌개를 '보글보글' 끓이고 계셨다.

엄마는 늦게 일어난 나를 꾸지람하지도 않고 아침을 먹으라고 하셨다.

이상하다고 생각하며 달력을 보니 오늘은 일요일이었다.

나는 '하하하' 웃음이 나왔다.

지각이 아니라서 너무너무 다행이었다.

나는 마음 편하게 엄마가 해 주신 김치찌개를 '냠냠' 맛있게 먹었다.

첫 번째 일기는 학예회날 '토끼와 거북이'에서 거북이 역할을 맡아 연극을 한 이야기의 일기이고 두 번째 일기는 학교에 가지 않는 일요일 아침에 일어난 일에 대해 쓴 일기예요. 첫 번째 일기의 '느릿느릿' '콩닥콩닥' '깡충깡충'은 의태어이고, 두 번째 일기의 '째깍째깍' '치카치카' '하하하' '냠냠'은 의성어예요. 이런 재미있는 표현을 써서 일기의 내용을 좀더 재미있게 만들어 주었어요. 이런 표현은 일기에서만 사용되는 것이 아니에요. 동시나 동화에서도 많이 쓰인답니다. 그만큼 내용을 더 재미있고 실감나게 표현할 수 있는 방법이기 때문입니다.

이번에는 내가 직접 써 보아요.
재미있는 표현들을 사용하여 일기를 써 보는 거예요.

날짜 :   날씨 :

제목 :

17일 여행일기를 써 보자.

우리는 가족과 함께, 또는 학교에서 가끔 여행을 떠나지요.

여행에서 겪은 일들을 정리한 것을 여행일기 또는 기행일기라고 한답니다.

경험이 생긴다는 것은 그만큼 나에게 아는 것이 많아지는 것과 같아요. 중요한 건, 좋은 경험들을 잊기 전에 일기로 기록하면 더 오래 기억에 남는다는 것이지요.

똑똑 일기박사 – 일기 잘 쓰는 법

📖 즐거웠던 추억을 일기장 속으로

여행일기는 시간에 따라 쓰는 것이 좋아요.

여행 장소에 도착하기 전, 도착한 후, 여행이 끝난 후 등으로 나누고, 그 때마다 방문한 곳과 방문한 곳의 특징, 재미있었던 일 등을 적습니다. 즐거웠던 여행을 잊지 않으려는 마음으로 기억에 남는 부분을 써 보세요. 그러면 여행에서 본 것, 느낀 것들을 모두 내 것으로 오래 간직할 수 있답니다.

- **1단계** 여행의 목적과 장소에 대한 것, 목적지에 도착하기 전에 있었던 일과 기분 등을 적어 보아요.
- **2단계** 여행 장소가 어떤 곳인지, 그 곳의 특징과 역사적으로 중요한 일, 도착하여 있었던 일과 함께 새로 알게 된 사실 등을 적어 보아요.
- **3단계** 여행을 마치고 난 후의 소감이나 새롭게 알게 된 것들을 정리해 보세요.

친구들은 여행일기를 어떻게 썼는지 볼까요?

첫 번째 일기

날짜 : 4월 24일 금요일   날씨 : 뭉게구름이 뭉게뭉게

제목 : 경주에 다녀와서

학교에서 봄소풍으로 경주에 다녀왔다.

경주에는 선덕여왕이 살았던 신라시대의 유적지가 많았다.

제일 신기한 것은 석굴암이었다. 어떻게 부처님 불상을 그렇게 크게 만들 수 있는지 신기했다. 더더욱 신기한 것은 그렇게 큰 돌들을 높은 곳까지 어떻게 옮길 수 있었는지 정말 궁금했다. 옛날에는 운반 도구도 많지 않았을 텐데 말이다.

그리고 첨성대가 있다. 첨성대는 선덕여왕 때 별을 관측하기 위해 만들었다고 한다. 불국사에는 다보탑, 석가탑도 있었다. 이렇게 돌로 탑도 만들고 첨성대도 만들다니, 옛날 신라 사람들은 정말 대단한 것 같다.

두 번째 일기

날짜 : 8월 1일 토요일   날씨 : 몹시 더움

제목 : 즐거운 여름휴가

우리 가족은 여름휴가 때 2박3일로 제주도를 다녀왔다. 태어나서 처음으로 비행기를 타니, 기분이 하늘을 나는 것 같았다. 소인국 테마파크에 갔다. 전에 텔레비전에서 보고 가 보고 싶었던 곳이라 가기 전부터 신이 났다. 소인국 테마파크는 피사의 사탑, 만리장성, 에펠탑 등 세계 여러 건축물을 작게 축소시켜 전시해 놓은 곳이었다. 한 바퀴를 다 도니 왠지 세계여행을 마친 기분이 들었다. 그리고 검은 돼지들도 보았다. 아빠가 그 돼지를 '흑돼지'라고 불렀는데, 옛날에는 똥돼지로 불렸다고 설명해 주셨다. 이유는 옛날에 화장실 밑에 돼지우리를 만들어 놓고 키웠기 때문이라고 한다. 지금은 제주도에만 있는 돼지라고 한다. 제주도 여행을 마치고 돌아오면서 제주도에 대해 많은 것을 알게 되었다. 다음 휴가 때도 제주도에 놀러 갔으면 좋겠다.

첫 번째 일기는 경주 여행을 다녀와서 쓴 일기이고 두 번째 일기는 2박3일간의 제주도 여행에 대해 썼어요. 첫 번째 일기는 경주에서 본 석굴암, 첨성대, 다보탑, 석가탑 등에 대해 적고 있어요. 내가 본 것들에 대해서는 정리를 잘 하였으나, 새롭게 알게 된 사실이나 나의 기분이나 생각에 대한 부분이 부족해요. 두 번째 일기처럼 시간 순서에 따라 쓰면서 비행기를 탈 때의 기분, 소인국 테마파크에서 느낀 기분, 흑돼지에 대한 정보를 적고 재미있는 부분과 그때 그때의 기분을 함께 잘 적어 보세요.

이번에는 내가 직접 써 보아요.
가족과 함께 떠난 여행 이야기를 일기장에 옮겨 보는 거예요.

날짜 :   날씨 :

제목 :

18일 생각일기(마인드맵일기)를 써 보자.

생각일기는 마음 속으로 한 가지 주제를 따라 지도를 그려가며 내용을 정리하는 일기입니다. 생각에 생각을 이어가고, 연관되는 것끼리 꼬리를 물어가다 보면 나도 모르게 글을 쓸 때에도 중요한 것을 뽑아낼 수 있는 능력이 생기며 생각하는 힘 또한 쑥쑥 자라게 된답니다.

똑똑 일기박사 – 일기 잘 쓰는 법 ⑱

나의 생각을 지도로 만들기

마인드맵은 보통 일기처럼 길게 써 내려가는 것이 아니라, 거미줄처럼 그림을 그려 나가는 거예요. 제일 큰 주제에서 연관되는 작은 주제를 뽑고, 또 작은 주제에 여러 개의 가지를 붙여 주면 된답니다.

예를 들어 컴퓨터가 가장 큰 주제라면, 컴퓨터 하면 생각나는 단어를 거미줄 형태로 이어가면 돼요. 일기장 가운데에 '컴퓨터'를 쓰고 작은 주제에 '게임'을 썼다면 '게임' 다음에 생각나는 단어들을 이어가면 된답니다.

1단계 오늘 있었던 일과 관련된 것이나 특별히 생각나는 주제 하나를 골라 보아요.

2단계 그 주제와 관련된 단어들을 적어 보아요.

3단계 그 단어들을 생각하면서 연관되는 것이 있다면 되도록 많이 적는 것이 좋아요.

친구들은 마인드맵일기를 어떻게 썼는지 볼까요?

첫 번째 일기

날짜 : 12월 2일 목요일   날씨 : 차가운 바람

제목 : 우리나라 좋은 나라

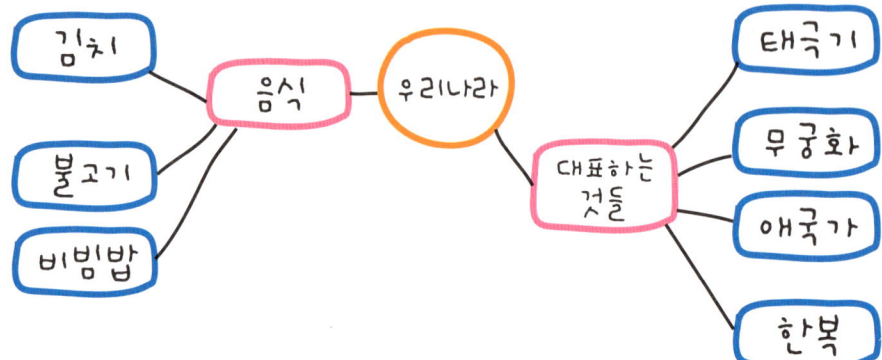

두 번째 일기

날짜: 8월 26일 목요일   날씨: 더움   제목: 2학기 때는 더 열심히 해야지!

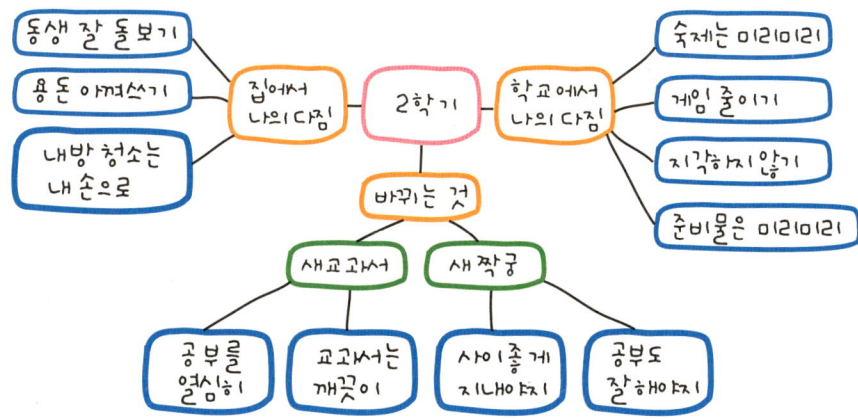

이제 곧 2학기가 되는데 방학 때 놀기만 해서 걱정이 되었다. 그 때 엄마가 마인드맵에 대해 알려 주셨다. 마인드맵일기로 2학기의 다짐을 적어 보니 어떤 어린이가 되어야 할지 확실해져서 좋았다. 가끔 정리하기 어려운 것들은 마인드맵을 이용하면 좋을 것 같다.

첫 번째 마인드맵일기는 우리나라에 대해서 그린 것이고 두 번째 마인드맵일기는 내가 2학기 때 어떤 어린이가 되어야 할지 그려 본 일기네요.
첫 번째 일기에서 큰 주제는 우리나라이고 그 다음 작은 주제가 '대표하는 것들'과 '음식'이라면 나머지 단어들은 가지가 되는 거랍니다. 두 번째 일기처럼 나의 생각과 함께 더 많은 가지를 만드는 것이 좋답니다. 그리고 두 번째 일기 아래에 쓴 것처럼 마인드맵을 해 보고 난 후 나의 생각을 적는 것도 좋은 글의 밑거름이 될 수 있어요.

이번에는 내가 직접 써 보아요.
오늘 배운 마인드맵을 일기장에 옮겨 보는 거예요.

날짜 :   날씨 :

제목 :

19일 호기심일기를 써 보자.

　호기심일기란 내가 궁금함을 느끼는 것들을 적어 보는 거예요.
　"콜라는 왜 톡 쏠까?"라는 일상적인 질문에서부터 "로봇은 어떻게 만들어질까?"라는 질문이나, "나도 개미처럼 작아질 수 있을까?" 같은 약간은 황당한 호기심도 상관없답니다. 오늘 하루를 보내면서 궁금한 점이 있었다면 일기장에 적어 보고 답을 찾아보세요. 궁금한 점을 일기에 정리해 나가다 보면 똑소리나는 어린이가 될 수 있을 거예요.

똑똑 일기박사 – 일기 잘 쓰는 법 ⑲

📖 나의 일기장은 호기심 천국

　우리는 하루에도 궁금한 것들이 아주 많이 생겨요. 아직 모르는 것이 많고 배워가는 과정에 있기 때문에 당연한 현상이지요.
　만약 호기심이란 것이 없다면 자동차도, 세탁기도 발명되지 않았을 거예요. "어떻게 하면 먼 거리를 걸어다니지 않고 쉽고 빠르게 다닐 수 있을까?"라는 생각에서 자동차가 만들어졌고, "어떻게 하면 빨래를 손으로 하지 않고 편하게 할 수 있을까?"라는 궁금증에서 세탁기가 발명되었으니까요. 오늘은 평소 내가 궁금해하던 내용들을 정리하는 일기를 써 보세요.

1단계 하루를 보내면서 궁금했던 점을 기억해 보세요.

2단계 궁금한 것을 질문으로 바꾸고, 만약 내가 발명가라면 어떻게 했을지 일기장에 정리해 보세요.

3단계 기록한 질문에 맞는 답을 스스로 찾아보아요. 인터넷이나 백과사전을 찾아보거나, 선생님이나 부모님께 여쭈어도 좋아요. 그것을 다시 일기장에 잘 정리하면 된답니다.

친구들은 호기심일기를 어떻게 썼는지 볼까요?

첫 번째 일기

날짜 : 11월 11일 목요일   날씨 : 바람

제목 : 나는 궁금한 게 너무 많아!

아침에 달력을 보았는데 11월 11일이었다.

'1이 네 개네?' 하고 생각하는 순간 달력이 어떻게 만들어졌는지 궁금해졌다.

매일 아무렇지 않게 넘겼는데, 왜 1년은 12달로 되어 있고 한 달은 31일까지 있고 2월은 28일까지밖에 없는지 궁금해졌다.

그리고 시간도 궁금해졌다. 하루는 24시간이고 12시가 지나면 또 1시가 된다.

그렇다면 0년 0월 0일 0시 0분은 누가 정한 거지? 하나님인가?

두 번째 일기

날짜 : 7월 19일 금요일   날씨 : 비

제목 : 하늘은 마술사 같아

오늘 2교시는 내가 좋아하는 체육 시간인데, 어제부터 비가 내려서 운동장에 나가지 못하고 교실에서만 있었다.

그런데 비는 왜 내리는 걸까? 여름에는 비가 내리고 겨울에는 눈이 내린다. 갑자기 궁금해진 마음에 집에 돌아와서 인터넷으로 찾아보았다. 공기 중에는 수증기가 돌아다니는데 이 수증기들이 모이면 물방울이 되고 물방울들이 모이고 커져서 구름이 된다고 한다. 구름이 된 물방울들은 쉬지 않고 계속 만나고 또 커지게 된다고 한다. 결국 너무 커져서 무게를 이기지 못하고 땅으로 떨어지는데 그것이 비라고 한다. 그럼 비가 내리는 날은 구름이 커지거나 많아진 날인가 보다. 비가 어떻게 만들어지는지 알았을 뿐인데 왠지 똑똑해진 기분이 들었다.

첫 번째 일기는 날짜와 시간에 대해 궁금해하는 일기이고 두 번째 일기는 비가 어떻게 만들어지는지 궁금해한 일기입니다. 첫 번째 일기를 쓴 친구는 자신이 궁금해한 것에 대해서만 기록해 놓았어요. 두 번째 일기를 쓴 친구는 궁금한 것이 생기자 바로 답을 찾아보고 답과 함께 자신이 그것을 알고 난 후의 기분까지 적어 놓았어요.

호기심일기는 두 번째 일기처럼 내가 궁금한 것이 무엇이며, 그 답을 어떻게 찾았고 그 답이 무엇인지, 또 궁금증이 해소되고 난 후의 느낌이나 생각까지도 정리해서 적는 거랍니다.

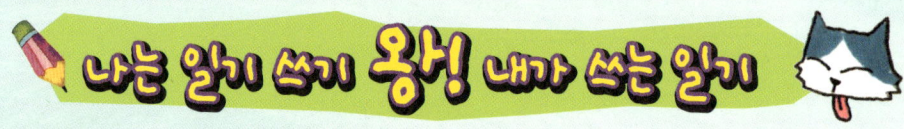

이번에는 내가 직접 써 보아요.
궁금한 것들을 떠올리며 일기장에 옮겨 보는 거예요.

날짜 :   날씨 :

제목 :

20일 독서일기를 써 보자.

독서일기란 말 그대로 책을 읽고 난 후 내용을 정리하거나 독후감 형식으로 쓰는 거예요. 책을 읽은 날에는 독서일기를 써 보는 게 어떨까요? 독서일기를 쓰면 책 내용을 더 오래 기억할 수 있고, 내용을 더 깊이 이해할 수 있게 됩니다.

똑똑 일기박사 – 일기 잘 쓰는 법 ⑳

내 일기장 속에 책 한 권이!

책은 마음의 양식이라고 해요. 밥을 먹으면 몸이 건강해지듯이 책을 읽으면 나도 모르게 지식과 지혜가 쌓이게 된답니다.

먼저 이 책을 어떻게 읽게 되었는지에 대해 쓰고 줄거리와 주인공, 기억에 남는 장면과 느낀 점 등을 쓰면 독서일기가 완성됩니다.

- **1단계** 책을 읽게 된 계기나 이유에 대해 써 보아요.
- **2단계** 책의 내용, 주인공, 주인공이 한 일, 인상깊은 장면을 써 보아요.
- **3단계** 책을 읽고 난 후 배울 점이나 나의 느낌을 써요.

친구들은 독서일기를 어떻게 썼는지 볼까요?

첫 번째 일기

날짜 : 6월 10일 목요일   날씨 : 바람이 살랑살랑

제목 : 나도 유리구두를 갖고 싶어!

신데렐라는 요정이 나타나 멋진 드레스와 유리구두를 선물하고 호박마차도 만들어 주어 무도회에 갈 수 있었다.

예쁘게 변한 신데렐라는 왕자님과 춤을 춘다. 하지만 12시를 알리는 종이 울리자 신데렐라는 말없이 도망간다. 너무 급하게 서둘다 그만 유리구두 한 짝을 놓고 온다. 왕자는 신데렐라가 너무 그리워 유리구두의 주인을 찾아 결혼하겠다고 한다. 유리구두는 신데렐라의 발에 딱 맞았다. 결국 왕자와 신데렐라는 결혼해서 행복하게 잘 살았다. 나도 예쁜 유리구두를 갖고 싶다. 그리고 멋진 왕자님도 만났으면 좋겠다.

두 번째 일기

날짜 : 7월 16일 토요일   날씨 : 흐림

제목 : 한글은 누가 만들었지?

아빠가 생일 선물로 세종대왕 위인전을 사 주셨다.
세종대왕은 조선의 네 번째 왕이다.
어렸을 때부터 책을 좋아해서 밤에도 이불 속에서 책을 읽었다고 한다.
그리고 지금 우리가 사용하고 있는 한글을 만들었다고 한다. 나는 한글이 원래부터 있었는 줄 알았는데 어떻게 우리나라 글자를 만들 생각을 하셨을까?
세종대왕은 우리나라를 사랑하는 마음이 정말 컸던 것 같다.
나도 세종대왕처럼 우리나라를 사랑하는 마음과 책을 좋아하는 마음을 본받아야겠다.
세종대왕이 만들어 주신 한글을 생각하며 앞으로 책도 많이 읽을 것이다.

첫 번째 일기는 신데렐라라는 책을 읽고 쓴 독서일기이고 두 번째 일기는 세종대왕 위인전을 읽고 쓴 독서일기예요.
첫 번째 일기를 쓴 친구는 신데렐라의 줄거리를 아주 잘 써 주었지만 내가 배우고 느낀 점이 없어요. 두 번째 일기처럼 책을 읽게 된 이유나 계기, 세종대왕이 어떤 일을 했는지와 본받고 싶거나 느낀 점 등도 함께 적는 것이 좋답니다.

이번에는 내가 직접 써 보아요.
책을 읽고 난 후의 느낌을 일기장에 옮겨 보는 거예요.

날짜 :   날씨 :

제목 :

21일 영어일기를 써 보자.

영어일기라고 하면 어렵게 생각할 수 있겠지만, 처음부터 끝까지 영어로 쓰는 일기는 아니에요. 내가 알고 있거나 오늘 배운 영어 단어를 이용해서 쓰는 일기랍니다.

이렇게 영어일기를 계속 써 나간다면 나의 영어 실력도 향상되고 일기 쓰는 방법도 더욱 다양해질 거예요.

똑똑 일기박사 – 일기 잘 쓰는 법 ㉑

내 일기는 영어사전

영어일기를 잘 쓰려면 영어로 바로 쓰기보다는 우리말로 일기 내용을 정리한 후 영어 단어나 문장으로 바꾸도록 합니다. 이 때 문장은 길게 쓰기보다는 짧고 간단하게 쓰는 것이 편리합니다. 일기를 쓸 때 계속 같은 표현을 반복하지 말고 다양한 표현을 시도하다 보면 어휘력이 늘고 표현력도 쑥쑥 자랄 수 있답니다.

 오늘 하루 있었던 일 중 무엇을 쓸지 정해 보세요.

2단계 먼저 우리말로 일기 내용을 정리한 후 영어로 바꾸어 써 보아요.
모르는 단어는 사전이나 인터넷에서 찾아보는 것도 좋아요.

 새로 알게 된 단어를 정리하고 다른 표현이나 단어로 바꿀 수 없는지 살펴보아요.

친구들은 영어일기를 어떻게 썼는지 볼까요?

첫 번째 일기

날짜 : 11월 3일 목요일   날씨 : 맑음

제목 : apple(사과)은 맛있어!

School이 끝나고 home에 돌아오자 mother가 간식을 주셨다. 내가 좋아하는 apple이었다. 집에 오면 바로 computer부터 하기 때문에 나는 computer를 하면서 먹고 싶었지만 mother는 먹고 하라고 하셨다. 나는 hands부터 씻고 apple을 먹었다. 정말 맛있는 apple이라 계속 먹게 되었고 결국 난 three개나 먹었다. 그러자 mother가 아무리 맛있고 몸에 좋은 food라 해도 많이 먹으면 배탈이 난다고 그만 먹으라고 하셨다.
나는 mother 말에 삐쳐서 computer game을 평소보다 오래했다.

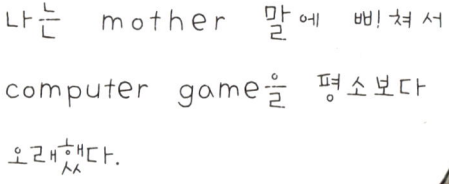

자, 이제 우리말 일기를 영어로 바꿔야지?

두 번째 일기

날짜 : 7월 31일 토요일   날씨 : 그림같이 예쁘게 떠있는 뭉게구름
제목 : 신나는 zoo(동물원)!

my family가 다같이 zoo에 놀러 갔다. mother는 보이는 animals마다 English로 말해 보라고 하셨다.
원숭이는 monkey, 사자는 lion, 얼룩말은 zebra, 호랑이는 tiger, 코끼리는 elephant, 팬더는 panda, 여우는 fox, 곰은 bear이다.
mother는 내가 English로 말할 때마다 좋아하셨다. 나중에 오면 다른 animals도 영어로 다 말할 수 있게 앞으로도 더 study를 해야겠다.
영어일기는 재밌지만 아직 부족한 것이 많다. 앞으로는 문장도 다 영어로 쓸 수 있게 열심히 할 것이다.
그리고 집에 와서 몰랐던 것들을 사전을 찾아보아서 더 알게 되었다.
〈오늘 배운 단어〉 팬더 panda, 여우 fox, 곰 bear

두 개의 영어일기 모두 자신이 아는 영어 단어를 이용해서 일기를 잘 써 주었어요. 영어 단어는 억지로 외우기보다는 이렇게 일기를 이용하면 도움이 된답니다.
하지만 첫 번째 영어일기처럼 영어 단어만 쓸 것이 아니라, 두 번째 일기처럼 영어일기를 써 본 후 느낌이라든가, 모르는 단어를 찾아보고 함께 기록하는 것이 더 좋은 방법이랍니다. 영어 실력이 뛰어난 친구라면 한 걸음 더 나아가 문장으로도 영어일기 쓰기에 도전해 보세요.

나는 일기 쓰기 왕! 내가 쓰는 일기

이번에는 내가 직접 써 보아요.
내가 아는 영어 단어들을 이용해 영어일기를 써 보는 거예요.

날짜 :   날씨 :

제목 :

22일 소개일기를 써 보자.

소개일기는 누군가를, 혹은 무언가를 소개하는 내용을 적는 일기예요.

나 자신을 소개할 수도 있고 우리 가족에 대해 이야기할 수도 있고, 사람이 아닌 내가 좋아하는 물건 등 주제에 제한은 없어요. 특별히 쓸 내용이 없을 때 무언가를 관찰해 보고 그 대상을 소개하는 일기를 써 보는 건 어떨까요?

똑똑 일기박사 – 일기 잘 쓰는 법 22

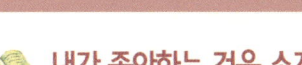 내가 좋아하는 것을 소개해 보아요.

무언가를 소개하기 위해서는 평소에 관심을 가지고 관찰하는 자세가 필요해요.

먼저 관심있고 좋아하는 것부터 골라 일기를 써 보아요. 내가 왜 그것을 소개하는지에 대해 쓰고 소개할 내용을 정리한 후 모양이나 생김새, 특징 등을 적으면 된답니다.

 내가 좋아하는 것이나 사람을 떠올려 보아요.

 그 대상을 왜 좋아하는지, 혹은 왜 소개하는지 이유를 적어 보아요.

 그 대상의 생김새, 성격, 특징 등을 적습니다.

친구들은 소개일기를 어떻게 썼는지 볼까요?

첫 번째 일기

날짜 : 10월 18일 목요일   날씨 : 시원한 바람

제목 : 우리 옆집 꼬마

우리! 옆집에 사는 꼬마는 4살인데 나만 보면 운다.
난 귀여워서 좋은데 내가 어디가 무섭게 생겼기에 우는 걸까?
사탕을 먼저 내밀어도 사탕만 받고 나를 피한다. 굉장히 속상하다.
아무래도 예전에 한번 놀러 왔을 때 화를 냈더니, 나를 싫어하는 것 같다.
꼬마야, 나 그렇게 무서운 언니 아니야.

냉장고를 소개해 보아요.

두 번째 일기

날짜 : 9월 31일 수요일   날씨 : 더움

제목 : 내 짝꿍 지수

한 달에 한 번 짝을 바꾸는 날이다.
오늘은 지수가 내 짝이 되었다. 그래서 특별히 오늘은 지수에 대해 일기를 쓸 것이다. 지수는 여자 이름이지만 남자아이다. 처음 봤을 때 다른 아이들보다 키가 커서 오빠인 줄 알았다. 한번 집에 놀러 온 적도 있는데, 엄마도 키가 커서 놀랐다고 하셨다.
공부도 잘해서 모르는 것이 있을 땐 친절히 알려 주기도 한다.
남자애들이 여자애들을 괴롭힐 때 지수가 나서서 혼내 준 적도 있다.
그래서 나는 지수와 짝이 된 것이 좋았다. 한 달 동안 지수랑 친하게 지낼 수 있을 것 같아서 기대가 된다.
지수야, 너랑 짝이 돼서 참 기뻐. 한 달 동안 재미있게 잘 지내 보자.

첫 번째 일기는 옆집에 사는 꼬마에 대해 적고 있어요. 그런데 그 꼬마가 4살이라고만 적어놓았지, 남자아이인지 여자아이인지, 생김새나 성격은 어떠한지 등등에 관한 정보가 부족해요.
소개일기는 두 번째 일기처럼 지수에 대한 기본적인 정보와 함께 왜 지수에 대해 소개하는지, 내가 왜 지수를 좋아하는지 그리고 지수에 대한 나의 생각 등등을 함께 쓰는 것이 좋답니다.

나는 일기 쓰기 왕! 내가 쓰는 일기

이번에는 내가 직접 써 보아요.
소개하고 싶은 사람에 대해 일기장에 옮겨 보는 거예요.

날짜 :   날씨 :

제목 :

23일  나의 꿈을 그려 보자.

우리들은 모두 꿈을 가지고 살아요. 오늘은 특별히 내가 평소 가지고 있던 꿈에 대해 써 보아요. 꿈에 대해 더 특별한 감정과 소중함을 느끼게 될 것입니다.

**똑똑 일기박사 – 일기 잘 쓰는 법 **

꿈이 가득한 일기장

학교에서 장래 희망에 대해 써 본 적이 있을 거예요.

꿈을 갖는 건 어떤 것이든 자유이고 또 좋은 일이죠. 그 꿈을 위해 노력할 수 있으니까요.

하지만 왜 그런 꿈을 꾸게 되었고 앞으로 어떻게 해 나갈지에 대해서 구체적으로 생각하는 어린이는 많지 않아요. 그러면 그 꿈에 대해서 막연한 생각만 가질 뿐, 제대로 실현시키기가 어려워요.

내가 되고 싶은 꿈과 희망이 가득한 일기장을 만들어 보세요. 내가 이루고 싶은 꿈에 가까워지고 목표의식도 생겨나게 된답니다.

 나의 장래 희망을 생각해 보아요.

 왜 그것이 되고 싶은지 써 보아요.

 그 꿈에 대한 생각과 이루기 위한 각오도 함께 적습니다.

친구들은 자신의 꿈을 일기에 어떻게 썼는지 볼까요?

첫 번째 일기

날짜 : 6월 11일 목요일   날씨 : 시원한 바람

제목 : 나의 꿈은 우주비행사

나는 우주를 마음껏 여행하는 우주비행사가 되고 싶다.
예전에 '우주의 신비'라는 책을 보았는데, 신비한 우주를 내 눈으로 직접 보고 싶어서이다. 하지만 지금은 우주에 아무나 갈 수 없다고 한다. 그리고 공부도 엄청 많이 해야 하고 잘해야 한다고 하는데, 왠지 어려울 수도 있을 것 같다.
엄마도 만날 그렇게 게임만 하면 우주비행사는 될 수 없다고 하셨다.
나는 정말 우주여행을 하고 싶은데 안 되는 걸까?

두 번째 일기

날짜 : 7월 23일 수요일   날씨 : 소나기!

제목 : 나는야 발레리나

나는 6살 때부터 발레를 배우기 시작했다.
나의 꿈은 세계에서 제일 유명한 발레리나가 되는 것이다.
지금도 학교 끝나고 학원 가서 1시간씩 연습을 하는데, 내 모습을 거울로 볼 때 제일 기분이 좋아진다. 같이 발레를 하던 언니는 중학교에 올라가면서 힘들다고 그만두었지만 나는 포기하지 않을 것이다. 다음 달부터는 연습 시간도 30분씩 더 늘릴 것이다. 그래서 강수진 언니처럼 유명한 발레리나가 되었으면 좋겠다. 강수진 언니는 세계적인 발레리나인데, 동양인으로는 최초이자 최연소로 슈투트가르트 발레단에 입단하였고 세계적인 무용수가 되었다. 나도 그렇게 훌륭한 발레리나가 되고 싶다.

첫 번째 일기는 우주비행사가 되고 싶은 친구의 일기이고 두 번째 일기는 발레리나를 꿈꾸는 친구의 일기예요.
그런데 첫 번째 일기는 왜 그러한 꿈을 꾸게 되었는지, 앞으로 어떻게 노력해 나갈지에 대해서는 쓰고 있지 않아요. 두 번째 일기처럼 앞으로 그 꿈을 이루기 위해서 어떤 노력을 할지 등에 대해서도 구체적으로 쓰면 좋아요. 그리고 강수진 발레리나 이야기처럼 평소 존경하는 사람이 누구인지도 적는다면 일기의 내용이 더욱 풍부해지겠죠?

이번에는 내가 직접 써 보아요.
자신의 꿈을 일기장에 옮겨 보는 거예요.

날짜 :   날씨 :

제목 :

24일 나에 대해 써 보자.

내가 관심있는 것도 소개해 보고 나의 꿈에 대해서도 생각해 보았다면 이번엔 나에 대해서 생각해 보는 시간을 가져 보아요.

똑똑 일기박사 – 일기 잘 쓰는 법

 나는 어떤 사람일까?

개그맨 유재석은 말을 잘하고 여러 사람을 재미있게 해 주는 사람이고, 박지성 선수는 축구를 잘하는 사람이에요.

그렇다면 나는 무엇을 잘하고 무엇을 좋아하는 사람일까요? 나에 대해 한번 곰곰이 생각해 보는 시간을 갖도록 해요. 나의 어떤 부분을 적을 것인지 생각해 보고 차근차근 적어 내려가다 보면 생각지도 못한 나의 장점을 발견할 수도 있을 거예요.

1단계 나에 대해 곰곰이 생각해 보아요.

2단계 나의 성격, 모습, 가족, 잘하는 점, 못하는 점, 좋아하는 것 등 어떤 부분에 대해서 쓸 것인지 주제를 정해 봅니다.

3단계 그 주제에 따라 내용을 적고 앞으로 내가 되고 싶은 모습도 함께 적어 봅니다.

친구들은 자신에 대해 일기를 어떻게 썼는지 볼까요?

첫 번째 일기

날짜 : 12월 2일 목요일   날씨 : 찬 바람이 불어요

제목 : 오늘은 귀 빠진 날!

내 생일이라서 할머니, 할아버지가 축하해 주러 오셨다.
다같이 엄마가 준비하신 음식을 먹는데 새로운 사실을 알게 되었다.
내 이름인 지용은 한자로 연못 지, 용 용을 쓰는데 할머니가 연못에서 용이 승천하는 꿈을 꾸시고 지은 이름이라고 하셨다. 처음 들어 보아서 신기했다.
그래서 할머니는 내가 대단한 사람이 될 것 같다며 기대가 크시다.
할머니를 실망시키지 않도록 훌륭한 사람이 되어야겠다고 다짐했다.

두 번째 일기

날짜 : 9월 30일 토요일   날씨 : 흐림

제목 : 나는 청소가 싫어

엄마가 내 방이 지저분하다며 화를 내셨다.

나는 청소가 세상에서 제일 싫다. 귀찮고 어디서부터 어떻게 시작해야 할지 모르겠다. 그래서 내가 좋아하는 건 뭘까 생각해 보게 되었다.

나는 다른 친구들은 못하는 계란프라이도 할 줄 안다. 나는 요리사가 되고 싶기 때문이다. 또 수학은 싫어하지만 미술은 좋아한다. 그래서 수학 문제를 못 풀어서 혼난 적은 많지만 그림은 잘 그린다고 칭찬을 듣곤 한다.

자기가 잘하는 것만 하면 되지 않을까? 내가 좋아하는 것과 싫어하는 것에 대해서 써 보고 나니 생각보다 많아서 신기했다. 좋아하는 것은 더 잘할 수 있도록 하고, 하기 싫은 것도 노력하는 어린이가 되어야겠다.

첫 번째 일기는 내 이름의 뜻을 알게 된 사실과 훌륭한 사람이 되겠다는 각오를 함께 적어놓았습니다. 두 번째 일기는 내가 좋아하는 것과 싫어하는 것에 대해 생각해 본 일기예요. 내가 좋아하고 싫어하는 것을 쓰다 보면 잘하는 것과 못하는 것에 대해서도 알 수 있지요. 이렇게 되면 내가 어떤 특기를 가지고 있는지, 앞으로 어떤 점을 더 노력해야 하는지도 알 수 있답니다.

이렇게 일기의 대상은 그 날 있었던 사실뿐만 아니라, 나의 생각이나 장래 희망, 사물에 대한 관찰 등 다양한 것들이 될 수 있답니다.

이번에는 내가 직접 써 보아요.
나에 대해 생각해 보고 일기장에 옮겨 보는 거예요.

날짜 :   날씨 :

제목 :

25일 뉴스일기를 써 보자.

뉴스일기란 뉴스나 신문을 보고 쓰는 일기를 말해요. 새로운 사건을 접하고 그 사건에 대한 나의 생각들을 적어 내려가는 것이지요.

뉴스와 신문기사는 나의 생각하는 능력을 키우는 데 도움이 돼요. 이제부터 아빠가 신문이나 뉴스를 보실 때 옆에서 같이 보고 뉴스일기에 도전해 보아요.

똑똑 일기박사 – 일기 잘 쓰는 법

오늘은 무슨 일이?

신문이나 뉴스를 보면 어려운 내용들이 많이 나오지요? 다 보려고 하기보다는 재미있는 부분이나 이해하기 쉬운 부분부터 조금씩 보는 습관을 들여 보세요.

우리나라나 세계에서 어떤 일들이 일어나는지 알 수 있고 생각하는 힘과 판단하는 능력도 길러져요. 또한 모르는 단어나 어려운 용어들도 알 수 있게 됩니다.

기억에 남는 사건을 그 날 일기의 주제로 정하고, 사건의 내용을 정리한 후 나의 생각을 적으면 뉴스일기를 잘 쓸 수 있답니다.

- **1단계** 뉴스나 신문기사 중 하나를 선정해 보아요.
- **2단계** 그 기사나 뉴스에 대한 내용을 짧게 요약해 보아요.
- **3단계** 그 기사나 뉴스에 대한 나의 생각이나 다른 신문이나 뉴스에 보도된 기사들도 함께 적어 봅니다.

친구들은 뉴스일기를 어떻게 썼는지 볼까요?

첫 번째 일기

날짜: 1월 23일 목요일   날씨: 눈

제목: 나도 김연아 언니처럼 될 거야!

아빠가 뉴스를 보실 때 나도 옆에 앉아서 보게 되었다.

어려운 내용들이 지나가고 내가 좋아하는 김연아 언니가 나왔다. 뉴스에서는 김연아 언니를 '피겨 퀸'으로 소개하며 최고 점수를 낸 장면을 보여 주었다. 많은 사람들이 꽃을 던졌고 모두 일어서서 박수를 쳤다.

나도 김연아 언니처럼 무언가 최고가 될 수 있을까? 그리고 김연아 언니도 만날 1등만 해서 우리나라가 유명해졌으면 좋겠다. 뉴스는 매일 어려운 것만 나오는 것 같았는데, 막상 보니 재미있는 내용이랑 알아두어야 할 것들도 많이 나왔다. 앞으로 아빠 따라서 뉴스를 보고 똑똑해져야겠다.

두 번째 일기

날짜 : 3월 30일 토요일   날씨 : 맑음

제목 : 내가 기자가 된다면?

"백운이와 대한이가 결혼했어요."

우리나라의 유일한 백호인 백운이가 애기를 가졌다고 합니다.

백운이는 10살 노처녀인데, 다른 호랑이들의 청혼은 모두 거절했지만 다정하고 부드러운 6살 황호인 대한이의 청혼은 승낙한 것입니다.

지금 동물원에는 이 결혼을 축하하기 위해 많은 사람들이 모여 있으며, 동물원 최고 커플이 되었습니다. 백운이와 대한이의 예쁜 사랑이 영원하길 바랍니다.

호랑이 두 마리가 결혼한다는 소식을 듣고 내가 결혼 소식을 기자처럼 써 보았다. 생각보다 재미있는 것 같다. 가끔 재미있는 소식을 보게 되면 이렇게 써 보아야겠다.

첫 번째 일기는 김연아 선수에 대한 뉴스를 보고 쓴 일기이고 두 번째 일기는 백호와 황호가 결혼한 내용을 내가 다시 쓴 일기예요.

신문이나 뉴스를 보면 새로운 사실도 알게 되지만 말하는 능력도 키울 수 있어요. 독서를 많이 하면 생각하는 힘과 글쓰기 능력이 커지는 것처럼 신문도 마찬가지랍니다. 두 번째 일기처럼 뉴스를 보고 내가 기자가 된 것처럼 직접 써 보는 것은 글쓰기 실력뿐만 아니라 상상력까지 키울 수 있는 효과적인 방법이랍니다.

이번에는 내가 직접 써 보아요.
뉴스나 신문기사에 대한 내용을 일기장에 옮겨 보는 거예요.

날짜 :   날씨 :

제목 :

자기주도 일기쓰기

하루에 한 주제씩 25일 완성

초판 1쇄 인쇄 | 2010년 5월 20일
초판 1쇄 발행 | 2010년 5월 25일

지은이 | 최연희
그린이 | 박선미

펴낸이 | 남주현
펴낸곳 | 채운북스(자매사 채운어린이)
주소 | 서울시 마포구 창전동 5-11 3층(우 121-190)
전화 | 02-3141-4711(편집부) 02-325-4711(마케팅부)
팩스 | 02-323-2165
전자우편 | chaeun1999@empas.com
디자인 | design86 김훈, 강루미
출력 | 아이앤지 프로세스
종이 | 대림지업(주)
인쇄 | 대원인쇄
제책 | (주)세상모든책

Copyright ⓒ 2010 최연희
이 책은 저작권법에 따라 보호받는 저작물입니다.
저작권자와 도서출판 채운북스의 허락없이
내용의 전부 또는 일부의 인용이나 발췌를 금합니다.

ISBN 978-89-963393-6-6 (63590)
＊잘못된 책은 구입하신 서점에서 바꾸어 드립니다.